笑う門《かど》にはチンドン屋

安達ひでや

石風社

笑う門《かど》にはチンドン屋◉もくじ

アダチ宣伝社

写真提供・アダチ宣伝社
章扉写真（一～四章）：古木《ふるき》恭子

まえがき

昭和六十一年（一九八六年）に出版された『チンドン屋始末記』（堀江誠二・PHP研究所）という本がある。残念ながら現在は絶版になっているが、今読んでみても本当に面白い。著者は、町から姿を消しつつあるチンドン屋への愛惜《あいせき》の思いを込めて、当時も今も大阪で活躍している老舗《しにせ》チンドン屋・青空総合宣伝社を見送りながら、こう結んでいる。

「彼らははたして最後のチンドン屋として、それぞれが歩んできた人生を引きずりながら、このまま遠い彼方へ歩み去ってしまうのだろうか。それとも、かつて東京で広目屋《ひろめや》を開業して楽隊広告の全盛時代をつくった秋田柳吉《あきたりゅうきち》や、大阪で東西屋《とうざいや》の黄金時代を築いた丹波屋《たんばや》くり丸《まる》、そしてまた戦後の大阪のチンドン界を風靡《ふうび》した佐伯陽三のような人物が出現し、再び新しい時代を開くのだろうか」

平成十六年（二〇〇四年）現在、この予想は後者の通りになった。いや、なりつつあると思っている。現在活躍している、二十代から四十代半ばまでの若いチンドン屋達のほとんどは、この『チンドン屋始末記』が書かれたあとに登場している。かつての勢いにどこまで近づけるのかは分からないが、少なくとも若いチンドン屋達が活動を続ける限り、世の中からチンドンの灯《ひ》が消えることはないだろう。

僕が、九州は福岡の地にチンドン屋「アダチ宣伝社」を立ち上げて十一年が過ぎた。どんないきさつでチンドン屋になり、この世界にのめり込むことになったのか。そして、チンドン屋は一体どんな仕事をしているのか。チンドン屋業界にまつわる話を織りまぜながら、この街頭広告業の知られざる魅力を書き綴《つづ》ってみたい。

第一幕　チンドン屋って冗談ですか？

「ボク、チンドン屋です。」

「チンドン屋って冗談ですか？」

初対面の人に自己紹介する時、どう切り出したものか、今でもためらってしまう。別にチンドン屋と名乗るのが恥ずかしいとか、チンドン屋に自信がないというわけではない。相手が返答に困ることが多いので、この場はチンドン屋といわずに済ませられたら、などと考えてしまうからだ。

たいていの場合はこうなる。

「僕、チンドン屋をやっています」

「はぁ……。そうですか」

相手の反応は冷《ひ》ややかだ。この真意はおそらく二通りある。

「僕、チンドン屋をやっています」

「はぁ……。そうですか（そんなこといわれても何と答えていいものか）」

という、自分が受け答えできる守備範囲外の職業を名乗られて困っている感じ。つまり、銀行とかレストランとか病院とか、何となく想像できる職場で働いている人にならば、自分の知識の中から気の利《き》いた答えを見つけられるのに、それが出来ないということ。

そして、もうひとつが問題。

「僕、チンドン屋をやっています」

「はぁ……、そうですか。（いきなりつまらない冗談いってんじゃないよ）」

これは辛《つら》い。チンドン屋といって笑ってもらおうとしている、と判断されたのである。つまりこれは、

「僕、チンドン屋をやっています。……なーんちゃって！　あははは！」

といっていると思われたということだ。けれども、相手だって初対面で面と向かって、「それ、面白くないですよ」とはいえないから、真意は分からないままなのだった。こういう人とはもう

会話が続かない。

こんなこともあった。

わがアダチ宣伝社の若手と僕が居酒屋で飲んでいた時に、隣に座った三十代の背広姿の男性が話しかけてきた。二、三の会話の後、

「仕事は何をしているんですか？」

「チンドン屋です」

しばらく沈黙があった。そして、彼は苦笑いしながらいった。

「……外《はず》しましたね」

僕はその後二十分かけて、これが冗談ではないことを彼に説明しなければならなかった。

また、放送業界の飲み会に誘われた時のこと。旧知のディレクターが、放送局の若い女性二人に僕を紹介した。

「この人は、チンドン屋のアダチさん」

ここでも沈黙。二人は顔を見合わせてから、明るく答えた。

「おもしろーい。で、本当の仕事は何ですか？」

これはきっと馬鹿にされている。あわやテーブルをひっくり返して暴れるところだったが思い

とどまった。

チンドン屋という職業が認められていないからいけないのだ。どうやらふざけた仕事と思われている。いや、もしかすると職業とさえ思われてないかもしれない。チンドン業界に変わり者が多いのは事実だが、みんなまじめに仕事をしている。こういうところにも、チンドン屋の今後の課題がころがっている。

ところで僕は、実際に冗談で「チンドン屋です」という人を見たことがあるが、やはり死ぬほどつまらなかった。

チンドン屋は放送禁止用語か？

チンドン屋になる前から長く放送業界に首を突っ込んでいるせいか、普段テレビを見ている時にも、「放送コード」なるものに対して過敏に反応してしまう。

過去に僕もラジオの生放送で、誤って「差別的表現」を使ってしまったことがある。当然リスナーからクレームがきた（遅まきながら、この場を借りて謝罪します。それから、電話でのクレームに応対してくれていたお姉さん、何度も何度もすみません）。実際には、いちいち放送局が「これは放送禁止用語」とか「これは放送禁止曲」というふうに細かく規定しているわけでは

「ボク、チンドン屋です。」

ない。「この用語は使い方に注意」「このエロティックな曲は昼間には自粛《じしゅく》」などという「自主規制ムード」があるに過ぎない。

ところが逆に、僕がテレビやラジオに出演すると、担当ディレクターから、

「放送でチンドン屋と紹介してもいいんですかね?」

と質問されることがある。つまり「チンドン屋」という表現は「職業差別用語」ではないかと懸《け》念《ねん》されているわけだ。

これは昔、子供同士のはやし言葉に、

「バーカ、カーバ、チンドン屋、お前のかあちゃんデーベソ!」

などという言い回しが存在していたからなのか、チンドン屋やサーカス芸人やテキ屋というものが今でも「いかがわしい職業」と思われているからなのか、おそらくはその両方なのかも知れないが、それこそ偏見《へんけん》というものだろう。

「チンドン屋の僕が、チンドン屋と呼んでくれっていってるんだからいいでしょう」

これなら誰も文句をいうまい。とにかく、この名前が一番通りがいい。

それでもこのディレクター氏は考えたあげく、

「うーん、チンドン屋ではなく別のいい方は無いですかねえ」

としつこく聞いてくる。

「街頭広告業っていういい方もありますけどね」

「じゃあ、それにしましょう」

というわけで、テレビに出演しているチンドン屋が、

「さてこちらは、街頭広告業の、アダチ宣伝社のみなさんです！」

と紹介されたりする。バカバカしい。テレビを見ている誰もが、

「チンドン屋が出てる」

と思うだろうに。分かりにくく紹介して一体どうするのだ。

奴らはチンドン屋を馬鹿にしているのだ

長谷川町子の「サザエさん」。四コママンガの単行本を読んでいると、チンドン屋が登場する話がいくつかある。そのひとつはこうだ。
一コマ目　質屋に着物を持ち込んだサザエさんが、「こんな派手なもの誰か欲しがるかしら」と心配する。
二コマ目　質屋の店主が、「ちょうど派手な着物を探している人がいます」と答える。
「ボク、チンドン屋です。」

三コマ目　それを聞いたサザエさんは、きれいな女性が自分の持ち込んだ着物をまとったところを想像してうっとりする。

四コマ目　その着物を身につけたチンドン屋のおじさんを街角で目撃し、びっくりするサザエさん。

これはチンドン屋がオチになっているが、別に職業差別ではないだろう。逆に、チンドン屋というものが親しまれているという内容だと思う。

五年ほど前に見た、テレビアニメ「ちびまる子ちゃん」にも、まる子ちゃんとその友達がチンドン屋に扮《ふん》するという話があったが、これもまたチンドン屋が愛されたストーリーだった。路上でのチンドン屋の口上《こうじょう》の述べ方などもよく調べてあって、たいへん感心したものだ。

また平岩弓枝の短編小説『チンドン屋の娘』のストーリーはこうだ。実家がチンドン屋という理由で、好意を持っていた男友達からお安い女だと見下《みくだ》される娘が、自分でも嫌だと思っていたチンドン屋の仕事に、逆に誇りを持つというもの。この小説には、職業差別と女性差別が同時に描かれている。

チンドン屋を放送禁止用語だと考える輩《やから》は、結局のところどこかでチンドン屋を見下《くだ》しているのだ。

教科書はコミックソングだった

チンドン屋を見た記憶がない

僕は一応チンドン屋という仕事で食っているのだが、実は幼ない頃にチンドン屋を見た記憶がない。小学二年から高校を出て浪人するまでの約十二年間は熊本市内に住んでいた。昭和四十七年（一九七二年）から昭和五十九年（一九八四年）までのことである。その頃のチンドン屋業界は衰退《すいたい》期にあったようだ。

ところが、である。自分がチンドン屋になってから初めて知ったことなのだが、九州には「ひまわり宣伝社」というチンドン屋があって、僕が育った熊本市を拠点に活動をしていたらしいのだ。富山市で毎年行われている「全日本チンドンコンクール」でも、昭和三十六年（一九六一年）、最優秀賞に輝いている。平成十年（一九九八年）に亡くなった鹿児島の「ちんどん芸能社」の親方も、大阪で活動していた「大阪なにわ家《や》企画」の親方も、この「ひまわり宣伝社」の弟子だという。本人達から直接聞いた話だから間違いはない。さらに七年ほど前、鹿児島の親方に見せてもらった古いアルバムで、「九州チンドンコンクール」という看板がはっきりと写った写真も見つけた。それは、熊本市で毎年八月に行われている「くまもと火の国まつり」の昭和五十年頃の写真である。

全く知らないチンドン屋の世界が、僕が育った土地のすぐそば、というより同じ町でディープに展開されていた。なぜ彼らと出会わなかったのだろう。僕は高校時代に演劇もバンドもやっていたし、戦前の歌謡曲やコミックソングなどが大好きな変な少年だったから、町でチンドン屋を見かけていたらきっと小躍《こおど》りしたはずだ。

いや、むしろ出会わなかったのは幸いだったのかもしれない。あの当時チンドン屋に出会っていたら、高校を中退して入門するなどといって、家族や友人をまきこんで大変な騒ぎを起こしていたに違いない。そういう可能性は大いにあった。

邦楽部の門を叩くも……

高校三年の夏休みのこと。僕は受験勉強にも身が入らず、部屋で好きな音楽ばかりを聴き、楽器をいじって遊びほうけていたのだが、ある日レコード屋で『明治大正のはやり唄』というカセットを何の気なしに買って帰り、その中身にショックを受けた。「ハイカラ節《ぶし》」「間《ま》がいいソング」「のんき節」などという、実にのんびりした大正時代のコミックソング集だった。地元では知られた進学校で、受験の焦燥感《しょうそうかん》にあおられていたはずの僕が、受験苦など露《つゆ》ほども感じなかったのは、このカセットのおかげかもしれない。中でも、「オッペケペー節」というのがお気に入りで、僕はこの歌詞を覚えて楽器の伴奏を考え、ひとり部屋で「弾《ひ》き語り」をして悦《えつ》に入《い》っていた。

今にして思えば、頭がおかしいとしかいいようのない受験生である。そんなことやっているから浪人してしまったのだ。しかし、大学入学後もその行状《ぎょうじょう》は改められるどころか、ますますエスカレートしていった。僕は大のロックファンだったにもかかわらず、「邦楽部」の門を叩いたのである。理由はただひとつ、大正演歌や小唄《こうた》や漫談をするために、三味線《しゃみせん》でも覚えようという魂《こん》胆《たん》なのだった。しかしサークルの教官や先輩は、そんなわけの分からないことをいう新入生に対して冷《ひ》ややかで、僕は強制的に日本の伝統的な地唄《じうた》（「六段」など）を練習させられた。こんなことを書くと叱《しか》られるが、弾いている自分が寝てしまいそうな曲だった。それでも深夜の部室で三味線を片手にこっそり、「♪ちょうど時間とな～りまぁ～したぁ～」などと歌っては、カセットテープに録音して遊んでいたのだった。

大阪でチンドン屋に会う

大学の授業にもろくに出ず、アルバイトと音楽の日々。大学二年の春、ついに「俺は音楽に生きるのだ」という甘い考えが頭の中を完全支配し、大学を中退して「ロックミュージシャン」へと再転向してしまうのだが、その頃にまたもチンドン屋との「ニアミス」事件が起こった。

昭和六十年（一九八五年）の春、大阪の大学に進学した友人の下宿先に遊びにいっていた時のこと。近くの商店街で二十代と思《おぼ》しき男性が買い物をしている姿を指し、その友人がいった。

「あの人、チンドン屋やで。この前、若い人ばっかりのチンドン屋でテレビに出とったんや」

僕は友人の何気ないひと言に非常に興味を持ったが、まさか声をかけて色々と質問するわけにもいかず、その場を後にした。それから十年後になって分かるのだが、その男性こそいまや日本チンドン屋業界の旗手《きしゅ》、「東西屋《とうざいや》」の林幸治郎《はやしこうじろう》親方だったのである。まさかとは思うが、その時本当に親方と知り合っていたら僕は早々《はやばや》とチンドン屋に入門して現在に至るか、または入門後に勝手な路線を突っ走って破門になっていたかどちらかだろう。
二十一歳、チンドン屋を始める九年前のことである。

「クレイジー」で「あきれた」子供だった！

僕の自宅のビデオ書棚には、「音楽演芸」と書かれた百二十分テープが三十本ほどある。全て、テレビの正月番組やお笑い番組から録画したもので、ここまで集めるには十五年かかった。もちろん現在もそのコレクション熱はおさまらず、今はビデオテープからＤＶＤへと形を変えて増殖しつづけている。

子供の頃から「楽器を使ったお笑い」が大好きだった。ハナ肇《はじめ》と加藤茶による「ドラム合戦」に興奮し、毎週日曜のお昼は「大正テレビ寄席」での牧伸二《まきしんじ》のウクレレ漫談を楽しみにしていた。高校の頃「ＭＡＮＺＡＩ《漫才》ブーム」というのが起こり、友達はツービートやＢ＆Ｂに熱中していたが、僕のお気に入りはそれ以前の、音楽漫談の玉川カルテットやモダンカンカンやちゃっきり娘だったのだ。

そんな高校時代、二つのレコードに遭遇《そうぐう》して僕の音楽人生はさらに一変した。ひとつは『クレイジーキャッツ・復刻盤シリーズ』、もうひとつが『あきれたぼういず傑作集』である。

僕が小学生の頃はドリフターズが大人気だったから、その前のハナ肇とクレイジーキャッツの全盛期は記憶にない。しかし、復刻された彼らのシングル盤全集を手に入れてからというもの、僕のクレイジーキャッツ熱は今に至るまで上がりっぱなしだ。ロックバンドで上京していた頃は、毎月末に浅草東宝という映画館でやる「クレイジーキャッツ映画オールナイト上映」を、本当に毎月見に行った。つい最近も通信販売で大金をはたいて六枚組のCDボックスセットを買った。ほとんど同じ内容のものを持っているにもかかわらず。さしずめ「クレイジー・クレイジー」といったところか。

あきれたぼういずの場合はもっと重症である。昭和十年代に発売された彼らのレコードに夢中になり、自分で同じような音楽漫談を作ってカセットテープに録音していたのは十九歳の浪人時代だ。今でもそのテープは手元にあるが、稚拙《ちせつ》なピアノを弾きながら小芝居をしたりコミカルな歌をうたったりしていて聞くに堪《た》えない代物《しろもの》である。そして現在の僕はといえば、やはりあきれたぼういずのネタを富山のチンドンコンクールの台本制作の参考にして聴き続けている始末。文字通りの「あきれた」ファンだ。

また数年前に、大阪の演芸資料館「ワッハ上方《かみがた》」がなくなるという噂を聞いた時などは、慌てて福岡から大阪まで出かけていき、映像資料のコーナーで宮川《みやがわ》左近《さこん》ショーや、かしまし娘のビデオを見まくった。ちなみにこの噂はデマで「ワッハ上方」は今でも健在だ。

芸人見たさに女もだまし……

大道芸人を録画したビデオテープもたくさん持っている。こちらはテレビよりも、実際の大道芸をビデオカメラで撮影したものが多い。

長崎にオランダ村がオープンしたのは確か一九八三年くらいだったと思うが、当時から毎年春に開かれていた「オランダ村チューリップ祭」には、毎年欠かさず出かけていた。園内一円に咲く色とりどりのチューリップ。だが、僕の目的はチューリップではなく、このイベントに世界各国から集められる大道芸人だった。特に音楽芸の追っかけをして園内を走り回っていたのは、きっと僕だけだっただろう。

会場では、ベルギーのワンマンバンド一家、イギリスのロック名曲操り人形師、アメリカのスティールドラム楽団、他にもマリンバとウクレレのコミカルな二人組、サックス四重奏など、今の仕事のヒントになる大道芸人が数多く来園してその技を競っていた。

普段は家族連れやカップルで出かける場所である。ひとりで行くのも何だからと思い、毎年女の子を誘って出かけていた。「チューリップがいっぱいだよ」とか何とか出まかせをいって連れ出していたのだが、「デートのふりをして芸人を追いかけるだけ」の僕の下心はすぐに見破られ、これまた毎年のように女の子から非難を浴びた。二年連続でこのデートに付き合ってくれた女の子はひとりもいない。

開催場所がオランダ村から後にオープンしたハウステンボスに移ってからも、僕はこのイベントを楽しみに出かけていた。しかし、運営会社の業績不振とともにイベントは年々縮小されていき、最後は「日本在住の外国人パフォーマーを集めたイベント」になって終了してしまった。まったく残念で仕方がない。

とりあえず僕の場合、こんな趣味が今も仕事に生かされているのは幸いだ。もしチンドン屋になっていなかったら、ただの演芸オタクの変人である。

いつも楽器があった

わがアダチ宣伝社の事務所、または僕の自宅を訪れた人は必ずこういう。

「まるで楽器屋さんですね」

正確に数えたことはないが、楽器の数は百台以上。まず、アコーディオンとシンセサイザーとウクレレがそれぞれ十台ずつある。ドラムセット三台、サックスやクラリネットやトランペット

今日は地元、福岡市内の商店街の賑《にぎ》やかし。子供達もついてきた(2004年10月)

などの管楽器多数、ギターに三味線にバイオリンに月琴などの弦楽器多数。小物の打楽器はそれこそ山のようにあって、いつも無造作《むぞうさ》に棚に押し込んである。せっかく買ったのに弾いたことのない楽器もある。

ただし高価なものは一台もない。特にプロのクラシック演奏家などは普通、何百万円もする楽器を持っているものだが、僕の場合は一番高いキーボードでも二十万円くらいだ。つまり僕は、「仕事で使えない楽器」「弾けもしない楽器」を数多く持っているということになる。

なぜこんなに楽器が好きになったのか。

僕は正式な音楽教育を受けたことは一度もないし、親も兄弟も楽器なんて演奏しない。いや、親戚全員見渡しても演奏なんてできる者はひとりもいない。そんな家庭に育ちながらも、小さい頃から楽器を弾きたくて仕方がなかった。突然変異かもしれない。小学一年の時、近所の豪邸から聞こえてくるピアノの音に惹《ひ》かれ、何度も親に頼んだ。

「ピアノを習いたい」

うちの親は、身内から楽器を弾く人間なんて出るはずがないと思ったのだろう。

「ああいうのはお金持ちの、それも女の子がやるものよ」

経済的な理由もあったのかも知れない。当時住んでいた熊本県の荒尾という町では、三池《みいけ》炭鉱で働く親を持つ同級生も多く、町全体の雰囲気からしてクラシック音楽などとは無縁の土地柄だった。

中学一年の時には、どうしてもラジカセが欲しくなった。しかしこれも親は買ってくれそうにない。仕方がないので新聞配達のアルバイトをして資金を稼《かせ》ぐことにした。毎朝五時に起きて新聞配達しても、当時は月一万円くらいにしかならなかった。反対にラジカセは今より高価で五万円くらいしたものだ。ステレオのラジカセが出始めた頃である。自分で働いて買ったという満足感もあって、とにかく音楽を聴きまくった。当時全盛期だったニューミュージックから、ロックやジャズや映画音楽に至るまで、カセットテープは瞬《また》く間《ま》に増えていった。

高校一年になると、今度はバンドを組みたくてしようがなくなった。ギターが弾ける同級生に相談すると、

「仲間内にベースとドラムがいる。だからお前はキーボードを弾けばいい」

そこで近所の中華料理店で出前のアルバイトを始め、その年の秋には念願のキーボード十二万円也を現金払いで手に入れた。鍵盤なんて触ったこともなかったから、楽器店で「キーボード入門」なる教本を買って練習し、熊本市上通《かみとお》りのライブホールで演奏した。高校二年の夏休み、生まれて初めてのライブである。

それから二十数年、僕はいつも楽器とともに生きてきた。お金に困って友人に売ったり質に入れたりしたものも多いが、働いて稼いだお金の大半を音楽につぎ込んできたのである。

「お客さんが怪我したらどうするんだ！」

僕はその後、博多でロックバンドを結成した。大学を中退して、かつての音楽仲間が活動していた博多の町へやってきたのだ。バンドでは当初キーボード担当だったから、ステージで弾くのはシンセサイザーやオルガンだった。キーボード奏者というものは、ギタリストのように演奏しながらステージ上で動き回るわけでもなく、たいていのバンドでは舞台の後ろに下がって目立た

ないパートである。キーボードを激しいアクションで演奏する人を見かけることはあまりない。

例外もある。イギリスのロックミュージシャンに、キース・エマーソンという人がいて、この人はキーボードを弾きながら鍵盤にナイフを刺したり、キーボードを跳び箱のように飛び越えたり、空中でワイヤー吊《づ》りのグランドピアノといっしょに回転したりする。普通はそこまでやらない。ジャズピアニストの山下洋輔さんは以前、燃え盛るグランドピアノを弾き続けたことがあるが、それはなんと学術的な実験であったらしく、これも通常はステージ上でやるものではない。

しかし彼らの大ファンだった僕は、

「うーん、エマーソンや山下さんのように派手に弾きたいもんだなあ」

と、昔も今も考えている。

さて、僕はバンドの作詞を全て担当していたので、いつの間にかリードボーカルも担当することになった。当然、歌い手というからにはステージの中央に立たざるをえない。ただし、そこにキーボードを置くと邪魔になる。困った僕は、当時流行《はや》り始めていた「ショルダーキーボード」というものを使うことにした。これは、ギターのように肩から提《さ》げて弾くことができるキーボードで、今にしてみればちょっと恥ずかしい代物《しろもの》なのだが、八〇年代当時は結構かっこいいと思われていた楽器なのである。

「これで、ジャンプも思いのまま」

ステージでの動きが自由になったので、徐々にアクションも取り入れていった。のけぞって恍《こう》惚《こつ》の表情でソロを弾き、曲のエンディングでジャンプし、そのまま客席に飛び込んだりした。いつのまにか「どういうパフォーマンスをすればお客さんが喜ぶか」ということばかり考えるようになっていた。思えばこの頃からチンドン屋的発想をし始めていたのである。そして、ライブハウスの天井にある照明用のパイプに足からぶら下がったり、野外ライブでPA《ピーエー》スピーカーのてっぺんまで上ったりしては主催者に叱《しか》られた。

「お客さんが怪我したらどうするんだ、馬鹿野郎！」

と怒鳴られたこともあった。

ロックの精神、チンドン屋に通ず？

ロックバンドといえども、ステージ上の動きにはセオリーがある。例えば、ステージ前面にボーカル・ギター・ベースの三人が立っている編成を思い浮かべて欲しい。誰かが右端へ移動したら他の者は対称となる左端へ行くとか、三人でタイミングを合わせて前面に走り寄るとか、そういうフォーメーションはバンドの常識として昔から自然と決まっている。

「そんなもの、自由であるべきロックの精神と違うではないか」
と頑《かたく》なに叫んでみても、ロックも客商売なのだから仕方のないことである。

僕はその後チンドン屋になって改めて、体の動きというのはとても重要だということに気がついた。特に、着物姿の時の所作《しょさ》はとても難しい。富山のチンドンコンクールに初出場した時、ベテランのチンドン屋が着物姿で練《ね》り歩く姿の美しさに目を奪われた。腰の落とし方もきれいだし、両手の動きもなめらかだ。日本舞踊をやっているせいだということも分かった。

「そうだ。日本舞踊を習おう」

かくして僕も、わがアダチ宣伝社のメンバーから四、五人選抜し、日本舞踊を習うことにした。歌舞伎役者の坂東三津五郎《ばんどうみつごろう》氏を家元とする「坂東流」の師範で、福岡市在住の坂東錦寿《きんじゅ》先生に入門した。師匠は若い世代の入門を歓迎してくれたが、稽古《けいこ》はいつも真剣そのものだ。

「何事も基礎をしっかりやらなければいけません。いきなり歌謡曲からではダメです」

股旅《またたび》ものの演歌で適当にチャンバラでも踊れたら良いだろうと気楽に考えていた僕らは、歌舞伎舞踊の基本をみっちり仕込まれることになった。しかし今になって思うと、この先生に習って正解だった。なめた気持ちで日舞《にちぶ》を始めていたら、きっとチンドン屋でも通用しなかっただろう。

もっとも僕の日舞は五年目であるが、まだ何ひとつ習得出来ていない。いまだに扇子《せんす》も上手に持てないし、これではチャンバラなんていつのことやら、である。

バンド・ブームだった

さて僕がロックバンドをやっていた八〇年代後半、日本は空前の「バンドブーム」だった。プロもアマチュアも、音楽はやたらとバンド形態が目立ち、今はなくなったが原宿の歩行者天国では日曜日になると、通称「ホコ天バンド」なるものが多数出現し、音楽だか騒音だか分からない爆音で演奏を繰り広げていた。最盛期の様相はすごいもので、女子高生はお気に入りのバンドの前で何百人も飛び跳ねているし、お祭りのように出店も立ち並ぶし、レコード会社のスカウトによって多くのバンドがデビューして、日本はバブル期のど真ん中で、もう大騒ぎだったのである。

そのブームの頃、「平成名物テレビ・イカすバンド天国」という深夜番組が大人気だった。社会現象にも流行語にもなった、通称「イカ天《てん》」と呼ばれたこの番組からは、本当に数多くのバンドがデビューし、そしてそのほとんどが消えていった。もちろん、今でも活躍中のミュージシャンもいる。そして何と、現在チンドン屋の親方にすぎない僕も、この「イカ天」出身者なのである。

「イカ天に出るべきか、止《や》めるべきか」

当時僕のやっていた「たけのうちカルテット」というバンドのメンバー達とは、この番組に応

バンド時代から客を楽しませることばかり考えていた（1990年ごろ）

募するかしないかで真剣に議論をした記憶がある。それまでバンド内で掲《かか》げていた目標には、

「博多のライブハウスをいつも満員にする」

「CDを出す」

「上京して日比谷野外音楽堂や日本武道館のステージに立つ」

などがあり、それらは上京後、一応クリアしてしまった（野音《やおん》は出演十バンドのうちのひとつだったが）。

　バンドのみんなが嫌がっていたのは、この「イカ天」という番組に出演すると、「人気者になれる」かわりに「イロモノバンドに見られる」というオマケがついてしまうということだった。

この「イカ天」には、とにかくイロモノ扱いのバンドがよく出演した。音楽よりバラエティの要素が強かった番組である。イロモノ大歓迎なわけで、結局僕らの「たけのうちカルテット」も大反響で、人気も知名度も上がり、小さなレコード会社から出したCDも良く売れた。番組内の人気投票では三週連続で一位になった。映画に出て、女優の沢口靖子とも共演した。僕にとってもバブル期だったわけだ。そして「たけのうちカルテット」は、この辺りをピークに日本のバンドブームとともども下降線をたどることになる。

バンド時代からまるでチンドン屋なのだった

このバンド、音楽性は決してイロモノではなかった。僕を含めてバンドのメンバーは全員、イギリスやアメリカのロックにあこがれ、耽美《たんび》な詩と複雑な曲を書き、それなりに高度な演奏をしていた。音楽性でライブを見に来てくれていたお客さんも多かった。ただし現在のチンドン屋業に通じる、派手好きでサービス精神旺盛《おうせい》、そして何より曲間の喋《しゃべ》りが長いのが仇《あだ》となって、イロモノバンドとして見られがちだったのも事実。僕も目立つように赤や黄色の派手で変な衣装や帽子をいつも身につけてステージに立っていたものだから、バンド解散後には大変な数の衣装が残ったのである。多くは捨ててしまったが、チンドン屋に使えそうなものは残して、今も使っている。

チンドン屋という仕事をすることを見越してバンドの衣装を揃《そろ》えていたわけではないが、どうも僕は、いずれチンドン屋になるべき運命《さだめ》にあったような気がする。バンド・演劇・学生時代に習った三味線、そしピエロ風の派手な衣装。

ロックバンド時代のファンだった子が、当時の衣装を着てチンドン太鼓を叩く僕の姿を見たらどう思うだろう。笑ってくれるか、がっかりしてしまうか。きっと彼女達もお母さんになっているんだろう。子供といっしょに、どこかで今の僕の姿を見て楽しんでくれているかもしれない。

音楽家に序列はあるのか

チンドン屋になってからというもの、僕がロックバンド出身の変わり種《だね》ということで、一時期はよく新聞や放送の取材を受けた。そして、

「チンドン屋を始めることに抵抗はありませんでしたか」

「チンドン屋でロックをやるのですか」

などという質問をよくされた。しかし僕は別に、チンドン屋をやることが恥ずかしいと考えたこともないし、チンドン屋とロックバンドを融合《ゆうごう》させようとしているわけでもないので、今でもあ

まり面白い答えがみつからない。

最初はバンド仲間からも、

「何でチンドン屋なんかやるの」

「バンドがダメになったからチンドン屋を始めたと思われるんじゃないの」

というようなことをよくいわれた。突然チンドン屋をやると聞かされても、それがどんなものかピンとこないだろうから、こういうお節介《せっかい》は仕方のないことかもしれない。みんなの持つチンドン屋のイメージがたぶん「古く」、「暗く」、「もの悲しく」、「うらぶれている」んだろう。ただし、

「なーんだ。自分もバンドをやっているからチンドン屋なんて簡単にできるんだ」

と思っている人がいたとしたら、僕は断固否定したい。ベテラン親方達のチンドンやクラリネットの響きや、思わず聞きほれてしまう口上《こうじょう》や、町の構造を知りつくしたかのような立ち振る舞い。どんなにバンド歴が長くても真似できないだろう。

ところが世間には、何となくではあるが音楽にランクづけがある。例えば、クラシック音楽は高級であるとか、ロックの中でもパンクやハードロックは野蛮であるとか。

各ジャンルの演奏者と観客を、髪形や服装のイメージでランクづけされると、チンドン屋はかなり不利である。例えばこんなイメージ。

クラシック……燕尾服《えんび》など正装で演奏する。オペラ歌手は華麗な出《い》で立ちである。コンサート会場に作業服姿の観客はいない。

ジャズ……古くはスーツ姿。真夏の野外イベントだとTシャツに短パンという観客も多いが、それとて場違いというわけではない。

ロック……革ジャンやジーンズ派にも結構こだわりがある。ビジュアル系は貴族のような服を着ている。黒髪の客の割合は少ないが、過激な髪形でも格好がいい。

チンドン屋……往来《おうらい》で派手な着物。チョンマゲに濃いメイク。ピエロ風。道端で演奏しているが、ストリートミュージシャンとは違う人種。

加えて、「自分に出来そうかどうか」という見方もある。

クラシック……小さい時から練習しないとできない。だいいち練習してもできない。

ジャズ……理論が難しい。アドリブの練習をしないとできない。

ロック……練習すればできる。ルックスやキャラクターだけでも、ある程度勝負できる。

チンドン屋……誰でもできる。だけど、やりたくない。

チンドン屋の格が下に見られるのには、歴史的背景もある。明治時代には軍楽隊というものがあって、そこを辞《や》めてしまった人達が運動会などで楽隊として演奏していた。彼らのついでの収入として、町回りの宣伝仕事があったのだ。また、昭和六年頃に無声映画がトーキーにとってかわられると、映画館で演奏していた楽士《がくし》の多数がサーカスやチンドン屋に流れてしまった。戦前に上海など海外で活躍した日本人ジャズマンの中には、最初はチンドン屋でクラリネットを覚えたが、ジャズの方が収入もいいので転向したという人もいたらしい。

それで、「チンドン屋は落ちぶれた仕事」といわれ、「バカ、カバ、チンドン屋！」などという差別的な文句が生まれたのだろう。

ただ、今は僕も含めむしろ憧《あこが》れてこの業界に入る若手も増え、周りからも以前のように「恥ずかしい」などとけなされなくなった。チンドン屋のイメージがもっと良くなって、われわれの業界から大スターが登場し、芸能人やスポーツ選手のようにあこがれの職業といわれる日が来るのだろうか。

屋台でスカウト

チンドン屋であるからには、口上が上手くなければならない。「チンドン屋ですが喋りはどうも苦手で」などという親方は多分いないだろう。昔は親の手伝いで嫌々チンドン屋をやらされたりした人もいたらしいが、最近はそういうこともなさそうである。みんな、好きでチンドン屋をやっているのである。若手のチンドン屋の中では、口上芸にもっと磨《みが》きをかけようという動きも盛んになっている。

僕はチンドン屋の中で特に口上の上手な方でもなく、東京や大阪に伝わる口上、例えば、「とざい、とーざい。東西とはひがしにし、南北はみなみきた。きたきた来た来た来たわいな、やって来たのは○○家でございます」

などといった、「粋《いき》な言い回し」もそれほど覚えていない。恥ずかしい限りだ。それでもチンドン屋を始めた頃から、口から出まかせに適当なことを喋る、ということができたのは、バンド時代に「大きな声が出るようになっていた」のと、「ステージ慣れしていて図々《ずうずう》しい」からだ。しかし、何といっても喋りの勉強になったのは、十数年前にラジオのパーソナリティーに採用されてからの毎日であった。

バンド活動が思うように行かず、失意のもと福岡に戻った当時の僕は、お金も全然なく日雇《ひやと》いで警備員のアルバイトをしながら暮らしていた。二十七歳になっていた。そして夜は人にもらったウクレレを片手に夜の屋台に繰り出し、暇《ひま》にまかせて考えた「なぞかけ漫談」で見知らぬお客

にビールをおごってもらう日々。ウクレレをかき鳴らし、

「野球のダイエーには勝って欲しいけど、スーパーのダイエーにはマケて欲しい！」

「フリーターとかけて、御飯と味噌汁ととく。そのこころは、テイショクにつくべきだ！」

などと、今の僕の口上ネタとあまり変わらないことをいってはタダ酒を飲んでいた。

八月のある蒸し暑い夜のこと。偶然その屋台に、地元放送局のディレクターとレコード会社の営業マンが飲みにきた。僕がいつものようにウクレレ漫談をやると、この下らないギャグに妙に感心した二人は、

「実はラジオ番組で若いＤＪを探している。ここに電話してくれ」

と、放送局の電話番号と担当者の名前を伝えてきた。冗談でしょうと聞き返すと、本当の話だという。

「自分が担当ではないので手遅れかもしれないが、すぐ連絡するように」

どうやらまじめな話のようなので、翌日その担当者に電話してみた。そして紹介された旨《むね》を伝えると、

「オーディションテープとプロフィールを郵送してください」

といわれた。テープに何を吹き込めばいいのか皆目《かいもく》見当がつかなかったが、とりあえずウクレレ

を弾きながらダジャレなどをからめ、加山雄三の「夜空を仰いで」を弾き語りして、履歴書といっしょに送ってみた。すると数日後電話がかかってきて、

「放送局に面接に来てください」

といわれた。指定された日時に行ってみると、若いディレクターが出てきて頭を下げ、

「スタジオでデモを録音します。合図を出したらこのハガキを読んで、自由に感想をいってから一曲目を紹介してください」

と、一枚のハガキと原稿を渡された。十代の女の子の悩み相談のハガキだった。

段取りも何も把握《はあく》できないままスタジオに入った僕は、昔聴いた深夜放送の雰囲気を思い出しつつ、拙《つたな》いながらも自分なりに「ＤＪ風」に喋ってみた。

「お疲れ様でした。別室で面接を受けてください」

ディレクターに案内されて応接室に入った。そこには放送局の上役と思《おぼ》しき、六十歳ぐらいの男性が三人ほど座っていた。僕にいろいろな質問をしてくるのだが、その内容というのは「応募の動機」「今までの経歴」「特技」などである。どうやら僕がここへ来たいきさつはまるで伝わってないらしい。苦心して作ったオーディションテープも聴いてないようだ。それまでスカウトかと思っていたのに、これでは一般応募扱いではないか。ＤＪ経験もないのに採用されるわけがな

いと思い、この一件は諦《あきら》めて帰路についた。

DJになる

九月、相変わらず警備員のアルバイトの日々が続いていた。イベント駐車場の誘導に忙しい夏休みシーズンも終わった。今後の生活について悩み始めていた矢先、再び放送局から電話があり、もう一度来て欲しいという。また何かテストされるのかと思い、緊張して応接室に入ると、先日面接した上役が切り出した。

「あなたにやってもらうことに決まりました」

十月、かくして僕は地元RKB毎日放送の若者番組の司会者になってしまった。前任者が俳優として上京するため、二代目の喋り手を探していたのである。そして僕は、いきなり月曜日から金曜日まで週五日間、夜九時から十二時、実に週十五時間の生放送を任されてしまったのである。大抜擢《ばってき》ながら、あまりにも無謀《むぼう》なこの人選は、後に関係者やリスナーから様々な批判を浴びることになる。

「しゃべりが素人だ」

「音楽の話題で専門用語ばっかり使うな」

「悩み相談に対して辛口すぎる」

「博多のＤＪのくせに〝豚骨《とんこつ》ラーメンなんて食べない〟とは何事《なにごと》だ」

などなど、苦情の電話もかなり多かった。若かったせいもあって、ディレクターと喧嘩《けんか》したり、アシスタントの女の子を泣かせたりもした。

しかし、この番組を担当した一年半と、その後にＦＭ福岡のパーソナリティーになってから現在に至るまで、僕のチンドン屋での口上の基礎は「生放送の現場」で培《つちか》われたのだった。

チンドン屋への道

保証かぶり、ウクレレ持って路上へ

チンドン屋は路上が仕事場である。実際にはイベントやパーティーの会場内での仕事もあるから、現在チンドン屋の仕事のどれくらいの割合が「町回りの宣伝仕事」なのかは、各屋号によっても違うだろう。しかし、もっともチンドン屋が力を発揮するのは路上であり、もっとも厳しく、やりがいがあるのもまた路上である。

天気や人の流れや年齢層や町の景色や気配をその時々に読み取り、口上・演奏・動き・ビラ配りを効果的に行なう。プロなんだから、それくらいは当たり前。

依頼主から、

「いやー、今日はチンドン屋さんを雇って助かったよ」

と喜ばれ、町の人から、

「チンドン屋さんにチラシもらったから買い物に来たのよ」

といわれると、こっちも、

「そうですか。チンドン屋やっていて本当に良かったなあ」

と嬉しくなる。チンドン屋冥利《みょうり》に尽きる瞬間だ。

二十九歳、ラジオＤＪの仕事はわずか一年半で終了した。聴取率が悪く、番組が打ち切られたのだった。その後、他の放送局でテレビ番組の司会を始めたが、これも三ヶ月でクビになった。

どうやら上から、

「あんな下手《へた》な司会者やめさせろ」

とお達しが出たらしい。まあ、これは僕の責任なのだから反論も出来ない。

それと前後して、愚かなことに僕は、バンドの録音をしていたスタジオの経営者から借金の保証人を頼まれて、手形に裏書きをするなどという、下手《へた》を打ってしまった。

「馬鹿だな。あのスタジオ絶対倒産するぞ」

と周囲から聞かされてはいたが、今までずっと安くレコーディングさせてもらっていた義理もあって、断れなかったのだ。

案《あん》の定《じょう》そのスタジオはすぐに破産し、彼の作った借金のうち数百万円の返済が、仕事を失った僕に回ってきた。もはやロックなどやっている場合ではない。好きなことをやり続けてきた二十代のツケが全部回ってきたようにも思えた。

「何とかしなければ」

一日も早く借金を返すために、日銭《ひぜに》を稼《かせ》ごうと思い立った。何をすればいいのか。しかし、せっかく楽器が弾《ひ》けて喋《しゃべ》りも適当に出来るのだから、それで人前に立つ商売はないものか。ここにきてまだ往生際《おうじょうぎわ》の悪いことを考えている自分が不思議だったが、ウクレレと鍵盤ハーモニカと自分で作ったカラオケを持って、市内の通称「親不孝《おやふこう》通り」で知られる通りの路上で演奏を始めることにした。

「飛び道具が必要だ」

「恥ずかしいなどといってる場合ではない。一円でも多く投《な》げ銭《せん》をもらわねば」

とにかく毎晩路上に出た。雨が降っても演奏した。しかし、夜八時から十二時くらいまでやっていても、平日で三千円、週末は八千円くらいにしかならなかった。

「これじゃ少ない。もっとお金をもらうためには、何か飛び道具が必要だ」

そこで僕は、一輪車を練習することにした。毎晩深夜十二時過ぎから公園に行き、手すりにつかまって必死で乗り続けた。そしてついに、「一輪車に乗りながら鍵盤ハーモニカを演奏する」という芸で路上に再デビューした。

その当時ちらほら出始めていた「ストリートミュージシャン」達が、アコースティックギターの弾き語りであるのに対し、僕のやっていることは明らかに大道芸だった。

せわしいご時世《じせい》、通行人達は僕の目の前を冷たく通り過ぎていった。大道芸を見るために町を歩いているわけではないのだから当然である。いかにして通行人の足を止め、自分の芸を見てもらい、なおかつ体《てい》よく投げ銭《せん》を頂くか。ストリートパフォーマーの真似をしてみて、初めてこの難しさを思い知らされた。

さらに、僕はテレビの仕事のせいもあって、福岡で少しは名前と顔を知られていた。それは別に「人気者で」という意味ではない。ただ面《めん》が割れているだけだ。だから僕のことを知っている人達の目には、大道芸をやっている僕が「仕事がなく、おちぶれて路上に出ている」という風に映るのかもしれなかった。

それでも毎晩必死で演奏した。ＤＪ時代からずっとやっていた「音楽漫談」も披露《ひろう》した。当初はあまりウケなかったし、酔っ払いにもよくからまれた。だが、寒くなったらやめようかなどと思いながらも、半年過ぎた十二月頃には、僕の存在は路上名物となり、だんだんと若い子達が話しかけてくるようになってきた。投げ銭も増えてきている。日銭も一万円を超すようになっていた。

さらには、演奏する時間や場所がいつも同じだったので、いつの頃からか僕の出番をわざわざ待っていてくれる人まで出てきた。毎日路上に出ているうちに僕は、少しずつお客さんのつかみかたを覚えていったのかもしれない。

人前に出ていると、いろんな出会いがあるものだ。実はこのストリートパフォーマンスのおかげで、またしてもラジオのレギュラー番組の仕事が二本も回ってきた。以前クビになった番組とはまったく関係のない他の放送局からである。

そして、三十歳を目前にしたこの路上で、チンドン屋への扉がついに開かれることになるのだ。

三十歳の誕生日にチンドン・デビュー

平成六年（一九九四年）二月のある夜のこと。凍《こご》えて鍵盤ハーモニカの指さばきもおぼつかない路上で、ひとりの男性に話しかけられた。

彼は広告代理店に勤めていて、今度オープンする中華レストランのキャンペーンを担当しているという。そしてこういう話をした。

「実はチンドン屋でキャンペーンをしたいんだけど、心当たりがないんですよ」

当時福岡市にはチンドン屋はいなかったのだ。

「あなたに頼んだら出来るんじゃないかと思って」

「はあ？　チンドン屋ですか……」

それから僕は、以前買った雑誌にチンドン屋のことが書かれていたのを思い出し、家に戻ってその雑誌と、繰り返し聴いていた『東京チンドン』というCDを取り出して眺《なが》めながら、いろいろと思いを巡らせた。そこに載《の》っている写真のように、自分がチンドン屋をやっている姿を思い浮かべてみたのだった。

「やってみよう。いや、やるしかない」

保証人で背負った借金はまだまだ残っていた。昔のバンド仲間に電話をかけてみると、三人が手伝うといってくれた。サックスとパーカッションとギター奏者だ。

サックスはそのままでいいとして、ギターはスピーカー内蔵のポップなエレキを使い、パーカッションはボンゴというラテン音楽用のものを首からぶら下げて叩いてもらうことにした。チンドン太鼓なんて持っているはずないのだ。あとは僕が鍵盤ハーモニカを弾きながら宣伝文句をしゃべればよい。

衣装はバンド時代のものがあった。帽子とシャツとズボン。なるべく派手な色を組み合わせてみんなにあてがった。化粧は出来ないので省略。これで、インチキなチンドン屋の完成だ。

今の僕がこんな出《い》で立ちのチンドン屋を町で見かけたら、自分で自分に説教していたに違いない。

件《くだん》の代理店の男性に電話をかけ、仕事を引き受けると伝えた。すると報酬は一人一万円ずつ、合計四万円だといわれた。今考えるとチンドン屋の日当としては安すぎるのだが、向こうもアルバイトでも雇うつもりだったのだろう。こちらだって素人《しろうと》同然なのだから、妥当な金額なのかもしれない。

本番に向けて練習を始めた。選曲は「竹《たけ》に雀《すずめ》」「ドンドレミ」。この二つは例の『東京チンドン』の最初の二曲だからやってみたのだ。

「流行《はや》りの曲も入れなきゃいけないよね」

その頃流行っていた、広瀬香美《こうみ》と森高千里《もりたかちさと》の二曲も追加した。合計四曲。これがレパートリー

記念すべきアダチ宣伝社の初仕事。まだとてもチンドン屋とはいえない。鍵盤ハーモニカが僕、衣装はすべてバンド時代のもの（1994年４月24日）

の全て。

季節は春になり、四月二十四日は僕の三十歳の誕生日。この日福岡市天神で、まだ屋号すらない男四人のチンドン屋もどきがデビューしたのだった。そして、正午から夕方五時までの約五時間を、ほとんど休憩なしで演奏し続けた。例えば、「竹に雀」を延々《えんえん》一時間に渡って弾いたりで、ひどいものだった。

僕らは、チンドン屋のセオリーを何も知らなかったのだ。演奏と口上のタイミング、練《ね》り歩きと立ち止まりかた、休憩など、まったく分からないままやり続けたものだから、それはそれはきつかった。終わった頃には全員ぐったりとしていた。

後で聞くと、僕も含めた三人全員が、これで本当にいいのかと不安だらけで宣伝していたらしいのである。

とにかく何でもやった

翌月、今度はテレビ情報誌が主催する「パフォーマンス大会」のステージに呼ばれた。せっかくチンドン屋への道が開き始めたばかりなので、またメンバーを集め、三人で演奏した。出演料は一万円だった。お金は三千円ずつ分けて、残りの千円をこれからの「運転資金」に回した。当たり前だが、こんなペースではお金は貯《た》まらない。

チンドン屋の仕事がうまく入ってきたものの、僕はこの仕事における報酬の基準が分かっていなかった。金額はこちらで決めなければいけないのだが、いったいいくらもらえばよいのか。しかし、その日暮らしだった僕は、かなり安い額の仕事でも喜んで引き受けた。

何より、街角でのパフォーマンスそのものが自分の宣伝にもなる。実際、通りすがりに広告代理店の営業マンが名刺をくれることもあった。仕事をしながら次の依頼主を探していたわけだ。

また、ありがたいことに、古い知り合いが方々《ほうぼう》に口を利《き》いてくれた。僕が二十歳すぎのころアルバイトをしていたスーパーの上司やラジオ時代の先輩などは、僕の窮状《きゅうじょう》を見かね、熊本のパルコや天神のビブレの催しに、無理して仕事を入れてくれた。
チンドン屋だけで食えるという保証などどこにもなかったが、この仕事は奥が深そうだという
ことだけは感じていた。それに、現実には保証倒れの借金も残っている。ひとつひとつ仕事を
作って稼《かせ》いでいかなければ、道は開けなかった。
ただ、あまりに金額の少ない仕事は僕ひとりで出かけた。先方もお金がないのに依頼したわけ
だから、別に文句はいわない。
国民年金のキャンペーンでは、ペリカンの着ぐるみの中に入って踊った。
「♪二十歳になったら国民年金〜」
というキャンペーンソングが流れていて、それに合わせて適当な振り付けで踊るのだ。これが日
給一万円。
翌年に佐賀で行なわれた「炎の博覧会」の開会式では、県知事と県会議員相手に応援団の学生
服姿で三三七拍子《びょうし》の音頭をとった。二万円もらった。担当者いわく、
「本当は大川興業を呼びたかったんだけど予算がなくてね」
「大川興業」というのは、応援団の扮装《ふんそう》でコントや芝居をやる東京のプロのグループのことであ
る。さぞかし出演料が足りなかったことだろう。それなら地元の大学の応援団にでもやらせたら

いいのにと思った。

いわゆる「お見合いパーティー」では、司会兼一輪車パフォーマンスをやった。一回二万円の仕事だった。司会はともかく、こういうイベントではパフォーマンスは無意味である。全くウケない。出会いを求めて来ている男女には、スキンシップやハプニングのあるゲームをやるほうが盛り上がるに決まっている。とても空《むな》しい気分になって、この仕事は三回でやめた。

高級毛皮の展示会では、年配のマダム相手にお話とアコーディオン演奏。コーヒーのサービスを受けている奥様方に話しかけながらシャンソンを弾くのだ。コントのような仕事だが三万円もらった。

福岡競艇では、レースの合間にピエロの扮装で一日中子供達と遊んだ。親につきあわされて来ている子供が退屈するからだ。これも日給三万円。

放送の仕事でもいろんなことをやった。その頃始まった福岡の夕方情報ワイド番組に、「芸達者な素人が応募してテレビでパフォーマンスを行い、それを番組レギュラーが審査する」というコーナーがあり、第一回目の「仕込み」出演を頼まれた。いわゆるサクラである。

「さて、今日はどんなものを見せてくれるんでしょうか？」

「えー、一輪車に乗りながらウクレレを弾きます！」

結果は合格。番組特製の腕時計をプレゼントされた。これで失格だったらシャレにならない。交通費として別に五千円もらった。

遊園地の絶叫マシーンに乗りながら生中継をするというのもあった。高所恐怖症の人には無理かもしれない。この企画で僕は、体に命綱《いのちづな》をつけてやぐらの上から飛び降りる「バンジージャンプ」を五回もさせられてしまった。何で五回もやったかというと、単純に評判《うけ》が良かったのだ。

僕が、

「ワン、ツー、スリー、バンジー！」

と叫びながら、マイク片手にジャンプする。それから風を切る音とともに、

「ウワー、グエー！　跳ね返ってまーす！　ギョエー！」

などと、ほとんどレポートになっていないセリフが入る。それが面白いというので、その後は回転式ジェットコースター、巨大回転ブランコ、ロッククライミング、スノーボードなど、いろんなことに挑戦しながら生中継をやった。出演料はそこそこだったが、こんな仕事でもなければバンジージャンプなんてやらなかっただろう。

チンドン太鼓ができた！

生活はかなりきつかった。仕事の数が少ない上に、報酬《ギャラ》は当日もらえるわけではなく、たいていは翌々月の十日払い。しかし、手伝ってくれたメンバーも金に困っている。仕事が終わった夜ともなると、

「出来れば今日の分を頂けませんか」

と、それぞれにいってくる。中には、

「今度の日曜の仕事の分を、先にもらえませんか」

などという者までいた。

バンドに狂って仕事もろくにしてないから、みんな貧乏なのだ。だから僕は、いつも無理をしてメンバーには早めにお金を払うようにしていた。

それでも、二十代のロックバンド貧乏時代よりはましだと思った。あの頃は、アパートの電話・ガス・電気・水道、全部止められたこともある。暖房器具もなく、真冬は空《あ》き瓶にお湯を入れたものを抱いて布団に入っていた。東京時代は銭湯《せんとう》に行くお金すらなく、流し台の中に入って体を洗っていた。

さて、運転資金もままならないが、チンドン屋としての「設備投資」も必要だった。まずは、

福岡の繁華街・天神にて。やっとチンドン太鼓を作り、アコーディオンを導入。衣装はバンド時代のものばかり。本当にお金がなかったのだ。(1994年7月)

チンドン太鼓の製作。だいたい、チンドン屋を始めてから太鼓をあつらえるなんて本末転倒《ほんまつてんとう》なのだが、これはチンドン屋の必需品、今のままではサマにならないと思った。

「次の仕事の金が入ったら、チンドン太鼓を作ろう」

何度もそう決意したが、なかなかお金が貯まらない。

チンドン太鼓の製作費は、屋号によって多少の差はあるが、その内訳はだいたい次の通り。

平釣《ひらづり》太鼓　五万円
小締《こじ》め太鼓　五万円
鉦《かね》　三万円

木枠や金具　一万円

紐《ひも》やバチなどを足して合計すると、十五万円前後にはなる。

当時の僕に、そんな大金は準備できるはずもなかった。結局、あるイベントの仕事でもらった報酬をまるまる作製費にあてたのだが、その内訳はこうだ。

皮が弱った中古の平太鼓　一万八千円

おもちゃの小太鼓　三千円

二寸くらいの鉦　三千円

木枠その他五千円。

かくして、旗揚《あ》げ間《ま》もないわがアダチ宣伝社のチンドン太鼓第一号は三万円足らずで完成した。

さらに、メロディー楽器も買い換えが必要だ。いつまでも鍵盤ハーモニカだけではいけない。だいたい、世の中の小学生なら誰でも持っているような楽器である。もっと本格的な楽器を演奏しなければと考え、楽器屋にアコーディオンを見に行った。ところがこれが結構な額である。家庭用の電子キーボードは三万円以下でも買えるというのに、アコーディオンは最低でも十万円はする。

楽器屋で働いている知人に、

「何でもいいから安いアコーディオンが欲しい」

と頼みこんで、学校教材用のアコーディオンを倉庫の奥から出してきてもらった。右手の鍵盤はたったの二オクターブ、左手のベースボタンはまったくついていない。型が古くて売り物にならないらしい。彼はそれを片手にぶらさげていった。

「九千円でいいよ」

かくして僕は、おそらくチンドン屋史上最低のアコーディオン弾きとして、九千円の楽器でチンドンコンクールにも出場した。他の出場者達が抱えている、きらびやかなアコーディオンがうらやましかった。

この、初期のアダチ宣伝社を支えてくれたチンドン太鼓とアコーディオンは、三年程で役目を終えたが、本当にたくさんの現場で活躍し、わが社を支えてくれた。

第二幕　チンドン・アダチ流

チンドン彷徨

「かぼちゃ商会」のこと

僕はロックバンド出身である。最初にチンドン屋に興味を持った時も、音楽的な「好奇心」がほとんどだった。これは僕だけに限らず、現在の若手チンドン屋には、ロックやジャズの世界で楽器を弾《ひ》いていた人が多い。そして、チンドン屋の仕事を続けるうちに、音楽以外の魅力、つまり口上《こうじょう》や踊りやビラ配りなど、宣伝にはまり始める。この変化はもちろんプロとしての自覚のあらわれともいえるが、チンドンの仕事そのものにのめり込んでしまうと、自然とそうなってしまうのである。

僕と同じく、バンドからチンドン屋に転向したのが、東京のかぼちゃ商会のリーダー新名健二《にいなけんじ》さんである。宮崎からプロミュージシャンを目指して上京した彼は、僕より三年早い平成三年（一九九一年）に〝ネオチンドン〟と称して、バンドとチンドン屋を合体させたような音楽活動を始めた。その後キングレコードからCDも発表し、テレビや雑誌でもよく取り上げられるようになっていた。そんな彼らの活躍ぶりを、僕は当初から気にしていた。

そして彼らとの出会いは意外と早くやってきた。平成九年（一九九七年）の夏、僕が東京で昔のバンド仲間と飲んでいた時、同席していたバンドがらみの友人が、

「僕の大学の後輩もチンドン屋をやってってね、かぼちゃ商会っていうんだよ」

といったのだ。僕が会ってみたいというと、

「じゃあ、今から電話してみるよ」

という。時計の針はすでに午前一時を回っていた。

「今から来るって。向こうもアダチ宣伝社のこと知ってたよ」

そうして会いにきてくれたのが、かぼちゃ商会のアコーディオン担当、田ノ岡三郎《たのおかさぶろう》さんだった。彼はその後ソロアーティストとして独立したが、この夜の盛り上がりは今でも忘れない。ついには田ノ岡さんと二人で、わけも分からず聞いている周りの友人達に向かって、「チンドン屋がい

かに面白いか」を明け方まで熱弁し続けてしまったのだった。

この時に約束した、「かぼちゃ商会とアダチ宣伝社のチンドン合同ライブ」は、平成十一年（一九九九年）八月と平成十五年（二〇〇三年）十月に福岡でちゃんと実現した。どちらも会場は満員で、二度目の時は勢い余って近くの商店街でもいっしょに演奏しようということになった。二つのグループのメンバーをシャッフルし、新たなチームを即席で作って練《ね》り歩いた。

かぼちゃ商会は路上でのチンドン業はもちろん、ライヴハウスや野外コンサートや他のミュージシャンとのセッションなど、いろんな場所で演奏をしている。フランスにも二度遠征し、向こうの音楽祭や演劇祭に参加、「サラヴァ」で知られたフランス人ミュージシャンのピエール・バルーからも気に入られたそうだ。

十年以上の活動の中で、そのサウンドは少しずつ変化しているが、僕は平成十五年（二〇〇三年）に発表された『メイド・イン・フランス』というアルバムが大好きだ。チンドンに反復音楽や変拍子《へんびょうし》を取り入れたヨーロピアンなオリジナル曲は、他のどのチンドン屋とも違う洒落《しゃれ》たブラスサウンドに仕上がっている。

さて、かぼちゃ商会のリーダー新名さんと僕とは、バンドからチンドン屋に転向したという経歴からか、他にもいくつか共通点がある。例えば、

「現場やステージでは、華《はな》のある女性達を前面に出し、自分は後ろに下がる」「バンジョーやアコーディオンではパレードでのリーダーシップが取りにくいので、三十歳過ぎてクラリネットやサックスを一から練習した」。さらには、「酒の席で、バンドとチンドン屋のどちらも中途半端にしか出来ていないとなげき続けている」など。

きっと新名さんも、「バンドをやっていたらいつのまにか本職のチンドン屋になり、しかも責任のある地位にいる」ことが照《て》れ臭《くさ》いんだろう。

篠田昌巳さんのこと

僕がチンドン屋になる以前から大好きだったＣＤ、それが篠田昌巳《しのだまさみ》さんの『東京チンドン』である。篠田昌巳という名前のサックス奏者がいることは、一九八〇年代から知っていた。高校生の頃好きだったジャズバンド「生活向上委員会」、大学生の頃に自主制作レコードも買ったバンド「パンゴ」、そして伝説の無国籍ファンクバンド「じゃがたら」。ライブを観《み》たことは一度もないが、どのバンドのレコードにも彼の名前が出ていた。

だから『東京チンドン』を見つけた時は、何の迷いもなく即座に手に入れた。そしてすぐにチンドンのとりこになった。「竹《たけ》に雀《すずめ》」「ドンドレミ」「青島《チンタオ》マーチ」など胸躍《おど》る曲の数々。百ページ近い丁寧《ていねい》な解説書もついていて、それを読みながらこのアルバムを聴いていると、

「ああ、もっとチンドン屋のことが知りたい。チンドン屋に会いたい。チンドン屋になって『竹に雀』を弾きたい」

という衝動に駆《か》られてしまった。当時、ラジオの司会をレギュラーで毎日やっていた僕は、

「いつかこのアルバムをオンエアしよう。チンドン音楽を若いリスナーに紹介しよう」

と企《たくら》んでいた。しかし特にマニア向けでもない僕の番組では、『東京チンドン』を流すチャンスはなかなか訪れなかった。

ところがこのCDを買って数ヶ月と経《た》たない平成四年（一九九二年）十二月のある日、雑誌「サウンド&レコーディングマガジン」の編集部にいた知人から突然の電話が入った。

「アダチさんの大好きなチンドンの篠田さん、亡くなりましたよ」

僕はショックで声も出なかった。まだ三十四歳だったそうだ。その夜、僕は独断で『篠田昌已追悼特集』をやった。もちろん『東京チンドン』からも選曲した。そんなに聴取率のいいわけでもない夜のAM放送だったが、篠田さんの功績を紹介しながら彼の曲をかけまくった。せっかく放送でCDをかけることが出来たのに、それが追悼になってしまうとは……。

萩原町のチンドンコンクールに初出場。他のチンドン屋の楽器をしげしげと見つめる。何もかもが参考になった。（1995年5月）

それから一年余り経って、僕は本当にチンドン屋になってしまった。曲のお手本にしたのも、『東京チンドン』だ。結局は一度も会えなかったが、篠田さんはその後の僕に大きな影響を与えた。

ずいぶんと後のことになるが、僕達が主催した「第四回全国ちんどん博覧会」には、このアルバムでチンドン太鼓を叩いている高田光子さんが出演してくれた。このとき僕は初めて生《なま》で『東京チンドン』の音に触れたのだが、このアルバムを聴きまくった僕にとっては、それだけで衝撃だった。やはりチンドン叩きとしては特筆すべき人である。

現在のチンドン業界には、篠田さんがら

みの人間が他にもいる。バンド「コンポステラ」で篠田さんといっしょにサックスを吹いていた中尾勘二氏がそうだ。彼は僕と同《おな》い年で、同じ九州の出身だが、ずいぶん前から上京して音楽活動を続けている。富山の「全日本チンドンコンクール」でも人気者だ。

もうひとり、クラリネット奏者の大熊亘《わたる》氏も、チンドンをバックボーンのひとつとして世界的に音楽活動をしている。僕があれこれ書くよりも、大熊さんのバンド「シカラムータ」のアルバムや、著書『ラフミュージック宣言』を読んでもらったほうが早いが、彼が長年続けてきたアバンギャルドな音楽活動は、おそらくチンドンとの出会いによって様々な方向に進化し、ジャンルを超えて開花してきた。もちろん、チンドン楽士《がくし》としての話芸も相当なものである。

さて、篠田昌巳さんの作曲に「コンサルタントマーチ」というのがある（コンポステラのアルバム『歩く人』に収録）。この曲は、チンドン屋の新しいスタンダードナンバーとして、また篠田さんへの敬意を込めて、「全国ちんどん博覧会」などでいつも演奏されている。シンプルな曲ながら喜びと悲しみ、新しさと懐かしさをあわせ持つこの名曲は、東京のチンドン業界の若手に道を開いた彼の功績と共に、これからも長く演奏され、伝えられていくだろう。

「東西屋」の強烈なインパクト

大阪の「ちんどん通信社」、現在は屋号を「東西屋《とうざいや》」としている総勢二十余名のこの集団は、チンドン事始《ことはじめ》から約百五十年の歴史の中で、その組織力・機動力・仕事量・チンドンコンクール優勝回数・海外公演回数など、どれをとっても最強のチンドン屋であることは間違いない。もちろん、その演奏力を初め、諸芸のレベルの高さもナンバーワンの実力派チンドン屋なのである。

わがアダチ宣伝社も、この強力集団の仕事をずいぶんと参考にさせてもらっている。いや、おそらく現在いる若手チンドン屋のほぼ全員が、ちんどん通信社に刺激を受けて仕事をやっているはずである。しかしながら、真似をしようと思っても、実際のちんどん通信社の仕事というものは、上方の大衆演芸やデキシーランドジャズなど様々な芸能を融合《ゆうごう》して独自に発展させるという、他の誰にもできないスタイルで成り立っているのだから、そう簡単には追随《ついずい》のしようもない。

そのすごさは、ちんどん通信社がこれまで製作したアルバム『パレード』と『ロマンス』、そしてビデオ『パレード』『アサクサ』『アメリカ』でも体験できるし、何よりその仕事を目《ま》の当たりにすればよくわかる。チンドンコンクールなどでも、ちんどん通信社の独特のサウンドは遠くから聞いただけですぐにわかるほどだ。

ちんどん通信社の親方にして、現在のチンドン業界への若手参入者第一号、それが林幸治郎《はやしこうじろう》氏である。昭和三十一年（一九五六年）に福岡市で生まれた彼は、県下一の名門校である修猷館《しゅうゆうかん》高校から京都の立命館大学へ行き、そこで「ちんどん屋研究会」なるものをつくり、卒業後そのまま大阪のチンドン屋に入門したという。今でこそ大学卒のチンドン屋は多いが、二十数年前のことだからよほどの変わり者だったのだろう。昭和五十九年（一九八四年）に独立してから、ちんどん通信社はぐんぐん成長し、現在は業界で誰もが認めるトップランナーである。

また、今でこそ業界では当たり前のことになっている事柄《ことがら》で、林さんとちんどん通信社が初めて取り入れたものもたくさんある。例えば、依頼主と事前に打ち合わせをするということ。元々チンドン屋は、現場以外の事務仕事というものをあまりしてこなかった。

日雇《ひやと》い労働で集められたようなメンバーが朝現場に集合して宣伝をやって夕方帰る。これは芸人としてはかっこいいようではあるが、依頼主から見ると実に大雑把《おおざっぱ》な集団だ。ちんどん通信社は入念な打ち合わせや下見をした上で現場に出かける、業界初の「常識」グループだったのだ。

それから楽器編成。若いチンドン屋にアコーディオン奏者が増えているのは、明らかにちんどん通信社の影響だ。二十年前のチンドンコンクールでは、クラリネットなどの管楽器奏者すらかなり減っていたらしく、中にはカセットテープの録音演奏でステージに立つチンドン屋もいたらしいが、近年のステージ仕事が「生《なま》演奏をしながらの寸劇と口上《こうじょう》」というスタイルに進化して

1998年の富山・全日本チンドンコンクールで。右はチンドン通信社の林幸治郎親方（1998年4月）

いったのも、やはり彼らの影響だ。

ところで、まえがきに書いた『チンドン屋始末記』の最後にはこうある。

「大阪では最近、大卒や脱サラの二十代の四人グループが、チンドン屋の名乗りをあげた。（中略）彼らが一時のもの珍しさや、今はやりのストリート・パフォーマンスの一種として人目を引くだけにとどまるか、チンドン世界の新しい旗手《きしゅ》となるかは、今後の活躍を待たねばなるまい」

これは明らかに「ちんどん通信社」のことである。彼らは「新しい旗手」どころか、「史上最強のチンドン屋」になっているではないか。

僕が初めて大阪市内の谷町《たにまち》にある彼らの

事務所を訪れたのは、平成七年（一九九五年）七月のこと。当時まだアパートの一室でチンドン稼業《かぎょう》を営んでいた僕にとって、その空間は衝撃的だった。

「チンドン太鼓がいっぱいある！　衣装がいっぱいある！」

などと、もう博物館にでも来た気分だった。壁にかかったホワイトボードに、平日休日を問わず毎日のように仕事の予定が書き込んであるのにも驚いた。確かに二十人もスタッフがいれば、毎日複数の現場がなければやっていけないのは当然である。しかし、月に数本のチンドン仕事しかなく、かつかつ食っていた僕には、ちんどん通信社は夢のような大企業に見えた。

それから三年後の平成十年（一九九八年）、ついに僕も、自宅と別に事務所を借りることになった。表に看板を出して、最初の数日はそれを眺めて悦《えつ》に入《い》っていた。チンドン太鼓も衣装もスタッフも増えた。現場も着実に増えてきた。ちんどん通信社には依然及ばないが、今日のアダチ宣伝社があるのは彼らに学んできた結果といってもいいのだ。


「宣伝社」が「宣伝」されてしまった！

若者ばかりで事務所を立ち上げたことや、僕がロックバンド出身者であることなどが珍しかったのだろう、わがアダチ宣伝社は、地元の雑誌や新聞にも取り上げられるようになった。そして、

メディアに出れば必ず反響がある。仕事中に道行く人達から、

「新聞で見たよ。頑張ってね」

などと励まされることもあった。

チンドン屋を始めて二年目の平成七年（一九九五年）暮れ、ＮＨＫ福岡放送局から電話があった。

「そちらの若いチンドン屋さんを、テレビ番組で取り上げたいのですが」

念願の事務所を借りて、看板の前で浮かれて記念撮影（1998年３月）

鎌田さんという若い女性のディレクターだった。どこで調べたのだろう。まだ仕事も少なく、誰にも知られていないと思っていたのに。数日後彼女は、その頃自宅兼仕事場にしていた安マンションの一室を訪ねてきた。

「ＮＨＫの九州ネットで『ワンダーランド九州』という三十分ドキュメ

ンタリーがあるんですけど、そこでアダチさんを特集してもよろしいですか」

僕はびっくりした。そんな大きな番組は、バンド時代にも出演したことがない。アダチ宣伝社の知名度がアップするかも知れないと思った。しかし彼女は、

「実は、ＮＨＫですから、あまり宣伝になるような作り方は出来ないんです。それと、まだ番組が決定したわけではなく、一応仕事現場なども見せて頂いてから企画書を出さなければいけません」

さらにその数日後、鎌田さんはアダチ宣伝社の現場を見学し、放送局に戻ってから再び電話をくれた。取材決定ということだった。

何しろ三十分もある番組だ。僕もメンバーも、何日もカメラに追われ続けた。現場のシーン、公園での口上や楽器の練習風景、仕事への意気込みに関するインタビュー、僕が台所で料理をするところまで撮《と》られた。

放送日は翌年の三月。だが、出来上がって放送された番組を、僕は恥ずかしさのあまり直視することができなかった。客観的に見ると、まだまだプロのチンドン屋にはほど遠かった。せっかく知名度が上がると思ったのに、これではダメかも知れなかった。

ところが、放送後の反響は大変なもので、ＮＨＫには、

天神にて。衣装も徐々に整い、メンバーも増え始めた。（1996年３月）

「あのチンドン屋と連絡を取りたい」
「うちもチンドン屋に仕事を頼みたい」
という電話がたくさんあったそうだ。そして、これをきっかけに少しずつ仕事が増えていった。宣伝業のチンドン屋が、逆に宣伝されてしまったわけだ。

反響が大きかったのにはもうひとつ理由がある。何と、この番組はある偶然から、一ヶ月以上に渡って予告が流されたのだ。

最初にテレビで予告が一週間流れた。多くの人が「チンドン屋の番組」があることを知る。しかし、当初予定されていた放送日に北海道でトンネル事故があり、臨時ニュースで番組が変更になってしまった。放送日が二週間後に延び、再び番組宣伝が流され始めた。

これでまた多くの人が「チンドン屋の番組」に期待する。いよいよ当日。ところが今度は、当時総理大臣だった橋本龍太郎がその日に辞任会見を開いたのである。またしても番組は変更され、改めてさらに二週間後の放送日が決まる。またまた番組宣伝が流れ始め、さらに多くの人が「チンドン屋の番組」を見ようとする。そして三度目の正直、この番組は満《まん》を持《じ》して九州中でオンエアされたのだった。

さらに再放送や、BSでの全国放送もあった。また、後になって北京に住んでいる知人から聞いたのだが、中国に住む日本人向けにNHKの衛星放送があって、そこでもこの番組は放送されたらしい。

チンドン屋を始めてからたった二年で、これだけ大きくテレビに取り上げられたのは幸運という他なかった。

運転免許を取る

チンドン屋を始めた頃は、福岡市とその近郊が主な現場だった。だから、交通手段にもあまり困らなかった。バスや電車や地下鉄を乗り継いで行けばよい。片手にチンドン太鼓を抱えて、自転車をこいで現場に行ったこともある。楽器は大荷物だが、バンド時代から慣れていたので苦痛

福岡市内、美野島商店街の夏祭りで（1997年8月）

ではない。僕は、自家用車どころか運転免許証も持っていなかったのだ。

しかし、夏祭りの仕事なども次第に増えて、公共の交通機関だけではたどり着けない現場も多くなってきた。そこで売り上げの中からコツコツ貯めて、そのお金で運転免許を取ることにした。チンドン屋を始めて三年目の夏、僕は三十二歳にして自動車学校へ入校したのだった。

その頃はまだ、連帯保証人に立ってかぶった借金を完済していなかったこともあって、ローンを組んで何かを買うというのには非常に抵抗があった。だから、免許も車も現金で手に入れようと決めた。教習所には二十七万円くらい払っただろうか。貯金をはたいて、学生に混ざって講習を受けた。不思議なもので、仕事のために自分のお金で免許を取ろうとしている僕は、生まれて初めて授業というものを積極的に受けようという気になった。席も最前列に陣取った。

実技講習では助手席に乗る教官のほとんどから、

「アダチさんは免許取るのは初めてですか？」

と怪訝《けげん》そうに尋ねられた。三十過ぎて教習所に来る男など、免許取り消しにあった「前科者」ばかりなのだろうか。

一ヶ月半が経ち、仮免許も本免許もめでたく一発で合格した。知人からは、

「三十歳過ぎたら補習が多くなり、お金もそれだけかかる」

とおどされていたので、ちょっと安心した。

初めて手にした車は軽自動車。知人からタダでもらったもので、走行距離は既に十二万キロ。それを自前で十万円かけて車検を通して、四万円の任意保険に加入して、月一万二千円の駐車場も借りたのに、二ヶ月後、現場の帰りに高速道路上で壊れてしまった。修理工場も、

「このポンコツ、もう修理しないで廃車にした方がいいですね」

という。まったく、タダほど高いものはない。

次に買った車は、走行距離五万キロのワンボックスである。中古車販売をしている知人から四十万円で買った。これはけっこう頑張って走ってくれたが、その頃は遠方の現場が多くなっていたこともあって、二年弱で廃車となった。

「安い車は早く壊れる」ということを学んだ僕は、その後は走行距離も短かく、座席もゆったりした車に乗っている。それでも中古車に変わりはないのだが、付き合いの長い得意先からは、

「アダチさんは、だんだんと車が立派になっていくね」

とからかわれる。世の中の「社長」には高級外車を乗り回している人も多いが、僕はそこまで立派な車に乗ることはないだろう。僕が欲しい車の基準はただひとつ、「チンドン屋の道具や楽器が積める頑丈な車」なのだ。

初弟子・北村くん入門

チンドン屋を始めて五年目、ちょうど僕が事務所を構《かま》えた年の夏のことだ。留守番電話に男の声で、こんなメッセージが入っていた。

「メンバー募集の貼《は》り紙を見て電話しました。北村という者です」

その頃、僕は念願だった事務所を借りて、徐々に仕事も増えてきた頃だった。人間は僕も含めて五人いて、人手不足というほどではなかったのだが、やはりいざという時の人材は確保しておいた方がいいだろうと「チンドン屋のメンバー募集」の貼り紙を出していたのだ。

これを、福岡市内のバンド練習スタジオに貼って回った。バンドのメンバー募集を見たことのある人なら知っていると思うが、普通これを略して「メンボ」といい、ドラムやベースなどの募集パート・好きな音楽ジャンルやバンド名、プロ指向であることなどを書き、自分の連絡先を書いてスタジオ内の休憩所の壁に貼ってもらう。例えば、

「ドラマー募集。当方ギターとベース。メロコアバンドで月一回ライブハウス出演中。好きなバンドはハイスタ。完全プロ指向。初心者不可」

などと、書いている僕にも意味不明の貼り紙を出して募集を呼びかけ、それに反応した者が連絡先に電話をして話があえばオーディション、という段取りになる。

だから僕の場合、

「チンドン屋募集。クラリネット・サックス・太鼓など。九州各地に仕事あり。日当応相談。日払い可。バンドとの両立も可」

と出した。こんな募集を出すほうも出すほうだが、応募してくるほうも変わっている。こちらから電話しなおして、早速会ってみることにした。

「北村淳也。二十七歳。神戸のロックバンドでボーカルとギターをやっていました」

「何で福岡に来たの？」

「阪神大震災でアパートが全焼して、バンドどころじゃなくなってしまって、福岡の実家に帰ってきたんです」

この男は大変な経験をしている。あれだけの大惨事《さんじ》だったのだからバンドなんかやっている場合ではないだろう。だけど、だからといってなぜ好きこのんでチンドン屋などに応募してくるのだ。

「チンドン屋のことは分かりますか？」

「はい。避難所にいた時に見ました」

確か震災のあった年、いろいろなバンドやタレントが被災地を慰問《いもん》している。彼の話を聞くと、どうも先に書いた林さんの「ちんどん通信社」と、ロックバンド「ソウルフラワー・ユニオン」のチンドン別働隊「ソウルフラワー・モノノケサミット」をその時に見かけ、いたく感動したらしい。震災で虚脱《きょだつ》状態にあった人々に、元気を与えてくれたチンドン屋になってみたいという。

「でも、ギターはいらないよ。バンジョーだったら、大阪のチンドン屋で弾いている人はいるけどね」

「では、バンジョーを買って練習します」

翌日から早速彼は楽器屋で安いバンジョーを購入、それからひとりで毎日黙々《もくもく》と練習していた。

「男なら根性で覚えるもんだ」

ものすごい偏見《へんけん》だが、僕はこういってほったらかしておいたのだ。

実はチンドン屋の芸についても、彼にはほとんど教えたことはない。

そうして見よう見まねで身につけたチンドン屋のノウハウで、今や北村くんはアダチ宣伝社の正社員となり、また現場のリーダーとして、貼り紙にあった通り「九州各地」を回っている。さらには、ひとりでドラムとバンジョーとハーモニカと歌を同時にやる「ワンマンバンド」を器用にこなし、イベントでも活躍中である。彼がリーダーとして現場に行けるおかげで、わがアダチ宣伝社は同じ日に複数の仕事を請け負《う》《お》うことが出来るようになった。つまり、僕のチームと北村

福岡市内、雑餉隈の銀天町にて。北村（右）加入直後のころ（1998年10月）

チーム、それぞれ三人ずつ現場に行けるというわけだ。合計六人分の仕事になるから、売り上げも二倍になり、実入りも増える。

こうして、メンバーは少しずつ増え、現場も多くなった。今では同じ日に、「チンドン屋二組とピエロのショーとワンマンバンドショー」などという、四現場のチーム分けも可能になった。毎日こうだと大忙しでうれしい悲鳴だが、もちろん仕事のまったくない日もまだまだ多い。だから、人数が増えたといっても、他の仕事を並行してやっている者もいる。現在（二〇〇四年）は、学生メンバーも入れると総勢十五人の大所帯である。

ピエロとちょんまげ

ちょんまげを買うべきか買わざるべきか……

チンドン屋だから、仕事の際にはさまざまな扮装《ふんそう》をする。というと、たいていの人が真っ先に連想するのが「ピエロ」と「ちょんまげ」。ともにチンドン屋の典型的なイメージだが、実際そう思われても仕方がない。アダチ宣伝社の扮装は、約九割が着物姿、残り一割が派手な色柄《いろがら》の帽子とジャケットとパンツ。だから「ピエロ」と「ちょんまげ」の印象は間違いではないだろう。

この二つは確かに見栄《みば》えがするし、そのまま即興で寸劇などもやりやすいから、見物人を集めるには打ってつけなのだ。

出番を前にカツラの手入れ（1999年４月）

しかしこの「ちょんまげ姿」というのが大変で、時代劇のかつらというのは、帽子や洋風のかつらに比べるとかなり値が張るのだ。男モノの侍《さむらい》や町人のかつらは十五万から二十万円はする。大衆演劇の役者さんは、こんな高価なものを何十個も持っているのだから、僕はうらやましくてしょうがない。

実はわが社で初めて「ちょんまげ」をオーダーした時は、うちの事務所にパソコンを導入しようと考えていた時期でもあった。かつらが十八万円、欲しかったパソコンも十八万円、どちらを買うか一週間悩みぬいた末に、僕はかつら会社に「ちょんまげ」を注文してしまった。

「ピエロ」と「ちょんまげ」以外にも様々な

扮装を経験した。依頼主の要求にしたがってどんな格好でもするのがチンドン屋である。以下はこれまでにやった扮装の例である。

◉カトリック・チンドン

依頼主：教会をイメージしたレストラン。

メンバー：神父（チンドン）・天使（ゴロス＝大太鼓）・キリスト（サックス）

シスター（ビラ配り）

長髪でヒゲのメンバーがいたので、即キリスト役に決定。そのままである。通行人から「冒《ぼう》瀆《とく》だ！」などと叱《しか》られなくてよかった。

◉お料理チンドン

依頼主：アジア各国料理フェア

メンバー：板前（チンドン）・コック（ゴロス）・ウエイター（サックス）

これは「従業員が制服で呼び込みをやっている」ようにしか見えなかった。扮装としては失敗例である。

◉クリスマス・チンドン

依頼主：クリスマスセールのデパート等

メンバー：サンタクロース（チンドン）・クリスマスツリー（ゴロス）
　　トナカイ（サックス）・雪だるま（ビラ配り）

何とわが社にサンタの衣装は十着ほどもある。十二月は「サンタのピエロ」、「サンタのバンド」など、「何でもサンタクロースにすればよい」という依頼主の発想もあって、そのシーズンはサンタものの仕事が一日でかけ持ちになることが結構あるのだ。

◉動物の音楽隊

依頼主：草原の遊園地
メンバー：牛（チンドン）・鳥（バンジョー）・タヌキ（トランペット）

遊園地の看板には、「ブレーメンの音楽隊」と書かれていたが、原作には牛やタヌキは出てこない。現場では、相当数の子供から突っ込まれた。

扮装の仕事ならではのハプニングもある。あるイタリアレストランの一周年で、お店が準備した「中世の貴族」風の衣装でチンドン屋をやることになった。出番を待っていると、たまたま隣にあったのがイベントホールで、その前にいた若い女の子に、
「みなさん、もう受付は済まされましたか？」

広島市にて、全員コックや板前の扮装で町回り（2000年11月）

と尋ねられた。最初は意味が分からなかったが、よく見ると周りには、手作りのドレスやSFの戦闘服を身にまとった女の子達がたむろしている。僕らを見て、

「うわー、すごーい」

などと喜んでいるようである。実は当日そこは「アニメのコミケ（コミックマーケット）会場」になっていて、僕らはそこでアニメの登場人物の格好をして自作のアニメやグッズを売るコミケの出品者と勘違《かんちが》いされていたのだ。チンドン屋であることを説明して納得してもらったが、チンドン屋とコスプレ、まさに紙一重《ひとえ》であることが判明した（別にどっちなら良いということもないが）。

チンドン屋の編成

チンドン屋の楽器編成には一応の決まりがある。パレードの先頭には必ず「チンドン太鼓」がくる。鉦《かね》と締《し》め太鼓と平釣《ひらづり》太鼓を組み合わせたこの楽器こそがいわばチンドン屋の定番である。次に「ゴロス太鼓（大太鼓）」。低音部を担当してビートを刻む重要なパートである。そして「メロディー楽器」。かつては三味線も多かったらしいが、最近はクラリネットかサックスかトランペットのいずれかが担当する。先頭チンドン、真ん中ゴロス、最後が管楽器。現在、チンドン屋で一番見かける三人編成である。

さらに人数が増えた場合は、この三人に加えて、

① プラカードまたはのぼり旗を持つ者がつく。

② チンドン太鼓担当がもうひとりつく。

③ 管楽器がもうひとりつく。

④ 伴奏楽器としてバンジョーやアコーディオンを入れる。

④については、先に書いたとおり大阪のちんどん通信社が始めた編成が広まったもので、「メロディー」「コード」「リズム」がからみ合う音楽が作りやすくて、ステージ演奏の仕事では大変便利である。

そして何といっても、歩きながら演奏ができることが特徴だ。お客さんの方に歩み寄っていくこともできる。現場で口上《こうじょう》を述べることの多いチンドン太鼓が先陣を切って、

① 立ち止まる。
② 自分のしゃべりに自分の太鼓で合いの手を入れる。
③ 口上が一段落したところで「ドドン」と鳴らす。
④ 次の曲が始まる。
⑤ 歩き出す。

この繰り返しである。最初に挙げたトリオ編成の場合、メロディー担当はひとりだけなので、メンバー間であらかじめ次の曲のキーなど確認をしておく必要もない。とりあえずチンドン屋はこのように、能率良く演奏ができるように考えられている。

チンドン屋の定番曲

チンドン屋の曲のレパートリーは、楽士《がくし》によって様々だ。五百曲以上を覚えている親方もいれば、十曲程度で路上デビューする新人もいる。何はともあれ、流行歌や演歌をがむしゃらに練習していけば、いろんな現場に対応できるようになる。

後で紹介する富山のチンドンコンクールなどで、大勢のチンドン屋が集まった時によく合奏されるのは「竹《たけ》に雀《すずめ》」。通称を「タケス」といい、もともとは長唄から出た曲だが、今でも寄席《よせ》の出囃子《でばやし》でよく使われている。現場では仕事始めの曲になることが多く、チンドン屋でこの曲を吹けない者はまずいない。

「それでは、チンドンマンのテーマ曲！ ♬竹に雀は品良くとまる……」

コンクールで全国のチンドン屋を束《たば》ねる小鶴家《こづるや》の親方がそう切り出すと、総勢百人での合奏が始まる。初めて見た誰もが感動するシーンだ。

さて、「竹に雀」の後は、おおむね楽士の判断で選曲がなされていく。それぞれが先輩楽士から受け継いだレパートリーも多く、今でも多く演奏されるお囃子調の曲は、チンドン屋の歴史にも深く関わってきたものばかりだ。

昔、三味線がチンドン楽器の主流だった時代には、寄席や歌舞伎の下座《げざ》音楽として使われていた曲がレパートリーだった。先ほどの「竹に雀」や「六法《ろっぽう》」「米洗《こめあら》い」「千鳥《ちどり》」、それに仕事終わりの曲として演奏される「四丁目《しちょうめ》」などもそうだ。

これをそのままクラリネットなどの管楽器が受け継いだようである。そして今でも新人のサックス吹きは、まず「竹に雀」を練習する。そこでよく、

「タケスの楽譜はありませんか？」

などと尋ねるのだが、親方いわく、

「ないよ。耳で覚えて。他の曲のもないからね」

こんな伝え方のおかげで、お囃子調のレパートリーは楽士によってメロディーが微妙に違っていたりする。

「♬空にさえずる鳥の声……」で始まる「美しき天然」の歴史はもっと面白い。もともとは明治時代に作られた佐世保の女学校の愛唱歌。当時の日本では珍しい三拍子《びょうし》のワルツである。それをサーカスの楽士が空中ブランコの曲として使い、そこからチンドン屋に転職した者が路上でも吹いたというのが通説だ。しかもこの曲は「故国山川《ここくさんせん》」という名で歌詞を変え、朝鮮半島や旧ソビエトの朝鮮民族にも伝わっているという。まさに「放浪する音楽」なのだ。

パチンコ屋の宣伝では、今でも「軍艦マーチ」をやる。開店と同時にやったり、店閉《じ》まいの曲としてやったりすると、東京のチンドン屋仲間からも聞いた。明治時代に作られた軍歌で、正式には「行進曲軍艦」というそうだが、昭和の敗戦でしばらく世間から封印されていたらしい。それを、東京の「メトロ」というパチンコ屋が流し始め、同業者が真似して広まったのだという。軍歌だけに賛否両論あったらしいが、「景気がいい曲」という点ではチンドン屋には合っているのかもしれない。

チンドン屋に自然にマッチしてしまった定番曲の数々。思えば僕がチンドン屋に引き込まれていったのも、こういった定番曲を聴いたのがきっかけだった。そして今、わがアダチ宣伝社の新人が「タケス」を練習している姿を見ると、とても不思議な気持ちになる。僕もそうだが、チンドン屋として今後もっとも演奏する曲は間違いなくこれだ。いったい僕らはこれから「タケス」を何万回演奏することになるのだろうか。

チンドンは日本だけ⁉

ところで、チンドン屋のような音楽は日本以外にもあるのだろうか。厳密にいえば、広告宣伝のために、扮装して演奏する「音楽商売」は他の国にはない。しかし、客寄せやパーティー、結婚式や葬式の時にやってきて演奏する、チンドン屋のような楽団は世界各国に存在する。そして不思議なことに、現役のチンドン屋にはそういう音楽に詳しい人間がやたらに多い。いろんな音楽を聴いていくうちにたどり着いてしまうのか、チンドン屋にマニアックな人間が多いのか、チンドン屋と似た編成やチンドン屋風の音色《ねいろ》に、つい聴き入ってしまう。

たとえば東ヨーロッパのユダヤ系音楽に「クレズマー」というのがある。編成は様々だが、主

ピエロとちょんまげ

福岡市の繁華街天神にて。神父・天使・キリスト・シスターの扮装で町回り（2001年10月）

なものはクラリネット・トランペット・ヴァイオリン・アコーディオン・ベース・ドラムスなど。初めて聴いた時は、クラリネットやアコーディオンの凄《すさ》まじい速弾《はやび》きと、通常の奏法では出せないようなけたたましい音色に仰天してしまった。こんな楽団が、普通に家庭や田舎のパーティーで演奏しているとは恐ろしい。東ヨーロッパには、家族や親戚、ひいては村人のほとんどがミュージシャンという村もあって、ブラスバンド形態やヴァイオリン主体の「ジプシー音楽」で各地を回っている楽団もある。

アイルランドのパブやパーティーで演奏される、「ケルト音楽」も相当な技術のいるものだ。木製フルート・ヴァイオリンに加え、バウロンという打楽器・イーリアンパイプやティンホイッスルという管楽器などで構成されるサウンドは、映画「タイタニック」や舞台「リバーダンス」などでもおなじみだ。パーティー音楽としても伝統がある。

アメリカのニューオーリンズにも、黒人達がルーツを作り上げたブラス音楽があるし、インドやトルコにもパワフルなブラスの楽隊がある。いずれも特徴は、マイクが無くてもやる、道端でもやる、店でもやる、家族や近所の者でやる、初顔合わせでもだいたいの曲を知っている、知らなくてもとりあえずやる、などなど実にチンドン屋路線なのである。

鉦《かね》にこだわる

世の中には様々な種類の楽器があるが、演奏者としては誰のCDを聴いてもライヴを見ても、自分のやっている楽器の音に対してはとても敏感になるものだ。

僕はラジオから流れるヒット曲にアコーディオンの音が少しでも入っていると、その音色やフレーズばかりが気になって、もう歌詞の内容なんて全く聴いていない。シンセサイザーに興味を持ち始めた十代の頃など、当時ヒットしていたピンクレディーの「サウスポー」の中で「♪わーたしピンクのサウスポー」という歌詞の直後に「ウワァーン、ウワァーン」となる電子音が気

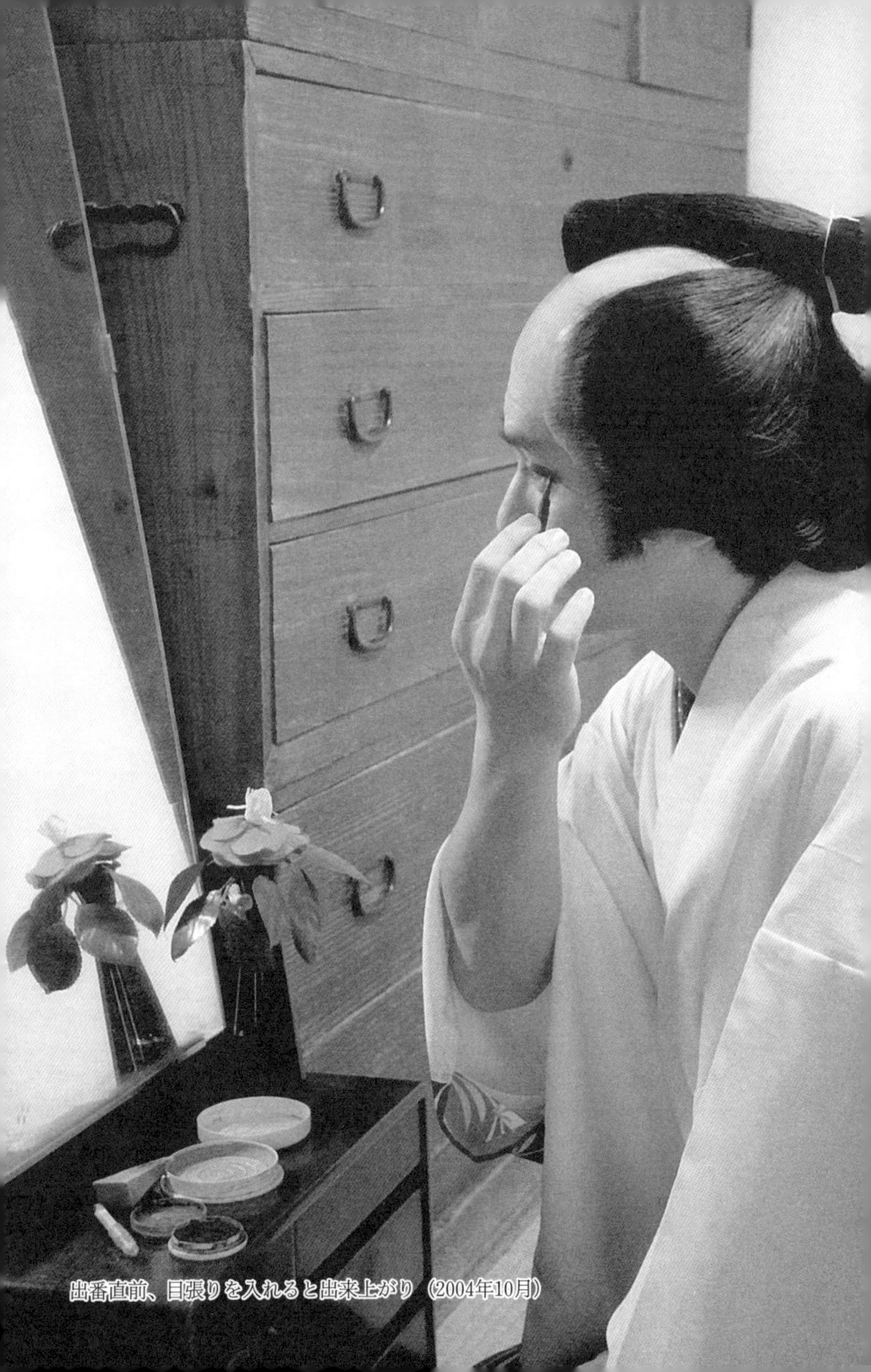

出番直前、目張りを入れると出来上がり（2004年10月）

になって、いつも頭の中ではその音色が鳴り響いていた。しかし、大人になってからこの事を誰に話しても、「そんな音は覚えてない」とか「そんなの入ってないよ」などといわれるので困ってしまう。

同様にバンド関係の知り合いも、ドラム奏者はドラムの音、ベース奏者はベースの音ばかり聴いてしまうそうだ。意識して聴いていなくても、もう自然にそういう耳になってしまっているらしい。

同じステージでいくつものバンドが順番に演奏するような、ロックやジャズのライブの楽屋裏。やはりというか、別のバンドの同じ楽器担当者同士の会話はかなりマニアックである。打ち上げの席になると、いつのまにか各バンドの同じ楽器担当者が集まり、車座《くるまざ》になって楽器談義に花が咲く。例えば、影響を受けたアーティストは誰だとか、どこそこのバンドの奴は珍しい演奏方法をしているだとか、あそこは父親も同じ楽器のプロだったとか。こうなると、他の楽器奏者はもはや話についていけなくなる。

お互いが持っている楽器の話になると大変だ。メーカー名や型番や製造年、そして誰と同じモデルであるかを、よくもまあみなさん暗記していらっしゃる。

「俺、今でもコルグのＭＳ―20とＶＣ―10使ってるよ」

「おお、凄《すご》いっすね！」

誰かがアルファベットと数字を伝えただけで、他のみんながどよめくのだ。サックスやトランペットなどの管楽器吹き同士だと、他人のマウスピース（唄口）やリード（振動板）の型番が何であるかをやたらに気にする。

「最近メイヤーのラバー5に変えたんだよ。リードはヴァンドーレンV16の3番なんだけどね」

「僕、3番はうまく吹けませんねえ」

こんな話が続いては、バンドの打ち上げの席からいつのまにかファンの女の子達が消えてしまうのもよく分かる。

さて、「チンドン太鼓奏者」が最もこだわるものは何か。それは、「鉦・締め太鼓・平釣太鼓」と三つある鳴り物の中でも、チンチキチンチンと鳴らす鉦の音色をどうやってきれいに出すかであろう。

この道何十年というベテラン親方が叩く鉦の音色は本当に小気味いい。叩くリズムのパターンも豊富に持っている。修行の足りないチンドンは、

「チンチン、チンチン、チンチキ、チンチキ……」

といった感じだが、ベテランは違う。

「チンチキ、チキチキチンチッ、チキチンッチ、チキチチキチ……」

と複雑なパターンを軽快に奏《かな》でるのだ。若手のチンドン屋がいうには、

「扇太朗《せんたろう》親方が鉦を叩く後ろを歩きながら演歌を吹くと、股旅《またたび》のシーンが目に浮かんでくるんですよ」

「青空宣伝社の山ちゃんなんて、目に見えない速さで鉦を叩くんだから」

こんな会話もまたマニアックだが、音の強弱や高低や響き方やバチさばきがそれぞれ違うのだ。

また、鉦そのものの大きさや材質にもこだわりがある。真鍮《しんちゅう》であったり、錫《すず》を混ぜてあったり。これは音色《ねいろ》にも大きく影響する。薄い方がよく鳴るといって、さらにグラインダーで削《けず》る者もいる。ドリルで穴を開けて音色を変える親方もいる。また、撞木《しゅもく》（鉦を叩くバチ）もたいていのチンドン屋が自分で使いやすいように削っている。

僕も、鉦に関してはずいぶんと敏感になっている。他のチンドン屋の鉦の音色が気になるので、大きさや吊《つ》り方を真似したり、削ってみたりもした。あまり変わらないのは叩き方がまずいだけなのかもしれない。また、遠方の仕事の際には和楽器店を探して、どんな鉦が売ってあるか調べたり、古道具屋を回ったりもした。

徳島県には阿波《あわ》踊り用具の専門店があるというので、仕事のついでに訪ねたことがある。阿波

踊りで使う鉦は大きさも材質も特注品らしく、店内で一時間ほど音色を比較していたが、そうするとどれが良いのか余計《よけい》分からなくなってしまった。悩んだあげくにひとつ購入したものの、その鉦がベストなのかどうかは今も疑問なのだった。

衣装のこと

わがアダチ宣伝社の衣装は、この十年間増え続ける一方である。よく使っているカラフルな踊り用の着流しは、男物と女物を合わせて七十枚ほど、帯も半幅《はんはば》と袋帯《ふくろおび》も合わせて七十くらいある。加えて、襦袢《じゅばん》や足袋《たび》や草履《ぞうり》や腰紐《こしひも》など、数が把握《はあく》できないほど多くなったので、最近はノートにきちんと数を記入して、さらにデジカメで写真を撮ってパソコンでも管理している。

洋装の衣装も、いわゆるストリートパフォーマー風、教育テレビ番組のお姉さん風、ピエロにサンタ、よくもこれだけ増えたものだと思う。サンタクロースだけで十着ある。

さて、つくづく不思議に思うのは、僕がロックバンド時代にステージで身につけていたものが、今もそのままハンガーに掛かっていることだ。バンドの風貌《ふうぼう》がチンドン屋風だったのか、それともうちのチンドン屋の扮装が今どきのロック風であるのかと考えてみると、どうやら前者が正解らしかった。

チンドン屋を始めて間もないころ。
浴衣は70年の大阪万博のものだ。
(1994年7月)

それにしても、チンドン屋を始めた頃はボロばかり着て仕事をしていた。きれいな着物なんてひとつもなかった。うちが初めてチンドンコンクールに参加した頃の写真を見ると今でも情けなくなる。古着屋で買った五百円の着物や、同じく千円だったイギリスの高校の制服をアレンジして出場したのだった。髪飾りもないから、私物のバンダナを適当に巻いてごまかしていた。

「こんな着方じゃいけないよ。半襟《はんえり》をきちんと重ねないとね」

うちの女性メンバーなど、東京のみどり家《や》のおかみさんから指導を受ける始末。

「チンドン屋はね、きれいにしてなくちゃいけないよ。きれいにしてないと仕事が来ないからね」

同じく東京の菊《きく》乃《の》家《や》の親方にもたしなめられてしまった。

着付けを習おうと思ったのも、コンクールで他のチンドン屋を見てからである。僕は地元の着付け教室をいくつか調べたが、どこも女性専門であった。電話をしても、「男性と女性をいっしょに教えるわけにもいきませんからねえ」と断られてしまった。もっともな理由だが、こっちもあきらめるわけにはいかない。ようやく男の着付けをやっている先生を紹介してもらい、週一回の着付けに半年間通うことになった。

一般的な「貝の口結び」だけでなく、「一文字《いちもんじ》結び」「神田《かんだ》結び」「虚無僧《こむそう》結び」「浪人結び」など、男帯《おとこおび》にも何種類も締《し》め方があることを知った。それから、袴《はかま》のはき方とたたみ方、羽織《はおり》の紐の結び方、タスキがけのやり方なども教わった。

この先生は着付けの最終日に、

「この帯だと締めやすいから」

と、博多織の男帯を譲ってくれた。僕がいつも化繊《かせん》の安い帯をしていたので、見かねていたのだろう。今でも一番のお気に入りである。

同じ頃、うちの女性メンバーも三人、無料の着付け教室に通っていて、これで男女メンバー揃《そろ》って何とか着物を着こなせるようになった。

この頃から毎年、わが社は真冬の暇な時期に衣装を仕入れることにしている。時間がある時には浅草へ行ったり、着物のカタログで注文したり、古着屋を回ったりしている。おかげでボロを着て現場に出ることはなくなった。

もっとも今だって、

「さらに衣装を工夫しなければ」

という欲求はおさまらず、テレビや映画で時代劇を見ると、ストーリーよりも役者の着物が気になってしかたがない。たまに歌舞伎や大衆演劇を見に行っても、

「いい柄《がら》の着物だなあ」

「あんな帯の結び方があるのか。やってみよう」

などといってはしゃいでいる。チンドン屋も着物姿の仕事の端《はし》くれ、何でも吸収して自分のものにしなければならないのだ。

平成十五年（二〇〇三年）の秋、九州の大衆演劇協会が主催する「座長大会」の楽屋におじゃまする機会があった。そこで見たのは、百個を越えるカツラの箱や数々の豪華な衣装。しかも皆、着付けや化粧がかなり上手《うま》い。さらに、演劇協会会長の玄海竜二《げんかいりゅうじ》氏には「投げて渡されたタスキを一瞬にして結ぶ」という名人技まで披露《ひろう》してもらった。

「どんな風にすれば、お客さんが格好いいと思うかって、いつも考えているからね」

さすが「座長大会の座長」だと思った。

チンドン屋にとって衣装は基本の「き」だ。ただ派手なものを着ればいいというものではない。

旅するアコーディオン

僕がチンドン屋としてよく担当する楽器のひとつはアコーディオンである。実は、チンドン屋の楽器としてアコーディオンが使われるようになったのは意外と最近のこと。おそらく大阪のちんどん通信社が導入したのが全国的に広まったのではないだろうか。

一宮《いちのみや》市にある萩原《はぎわら》町のチンドン祭に見物に来ていた年配の男性客が、

「昔はチンドン屋にアコーディオンなんていなかったねえ。ここ十何年かだよ」

といっていたのも思い出した。

ピアノやエレクトーンを習っていた女性の楽士などにはちょうど扱いやすかったのかもしれない。もっとも、練習してみると分かるのだが、アコーディオンにはピアノやエレクトーンとはまた違った難しさがある。アコーディオンはピアノより鍵盤の幅が小さいし、蛇腹《じゃばら》の動かし方や左手のベースボタン、そして何より正面を向いて弾《ひ》かないと様《さま》にならない。正しい姿勢を保つのにはかなりの練習が必要になる。

それでも、アコーディオンがある程度弾けるようになると、弾いている自分でもかなり楽しい。

こんなに愉快《ゆかい》で素敵な楽器は他にはない。何といっても、ひとりでメロディーとコードとベースが同時に出来るのだ。その上、口が空《あ》いているので歌ったり喋《しゃべ》ったりできる。さらに、そのまま歩くことができる。これこそまさに、チンドン屋のために生まれた楽器ではないか。ついでにいえば、アコーディオンとチンドン屋、どちらの歴史も十九世紀半ばに始まっている。まさしく、この二つの楽器は出会うべくして出会った運命の関係にあるのだ。

そもそも、アコーディオンが世界的に広まった経緯が面白い。楽器が旅人によって各地に伝わったという点は、ギターやバイオリンも同じだが、アコーディオンはわずか百年ほどで世界中の音楽に不可欠な存在となった。一八二〇年代にオーストリアで生まれたというこの楽器が、ジプシーや船乗りの手によって運ばれたことで、さまざまな音楽が世界各地で育っていった。ドイツのポルカ、フランスのシャンソン、イタリアのカンツォーネ、アルゼンチンタンゴ、メキシコのテックスメックス、アメリカのケイジャンやザディコ、そして日本でもアコーディオンは懐《なつ》メロに見事に取り入れられた。

アコーディオンが最初に日本に輸入されたのは江戸時代末期である。アコーディオンといっても当時のものはピアノ式鍵盤ではなく、六個のメロディーボタンのついた手風琴《てふうきん》と呼ばれるもの。記録によれば一八四九年（嘉永《かえい》二年）に伝わったというアコーディオンが、現在の島根県美保関《みほのせき》町の美保神社に奉納されている。この四年後に黒船《くろふね》が来航、十年後には鎖国《さこく》制度が解《と》かれる。ということは日本最古のアコーディオンは鎖国時代、オランダ人の手によって長崎経由で運ばれたということになるのだろうか。

チンドン屋の元祖、飴《あめ》売りの飴勝《あめかつ》が大阪・千日前《せんにちまえ》で寄席の呼び込み口上をしたのが弘化《こうか》二年（一八四五年）だから、チンドン屋の始まりと日本のアコーディオンの始まりはほぼ同じ頃なのだ。それから百五十年が過ぎ、この二つは切っても切れない関係になった。

サンタクロース姿でアコーディオンを弾く。さすがに子供達にも好評だ。

人数は管楽器に及ばないものの、富山の全日本チンドンコンクール出場チーム三十組余りのうち、毎年六、七人のアコーディオン奏者が出場している。みんなチンドン屋らしく可愛く派手に飾られたアコーディオンを使っている。もう見ているだけで楽しい。後に紹介する第二回と第三回の全国チンドン博覧会では、大阪・華乃家《はなのや》のケイさんをリーダーに、アコーディオン奏者ばかり七人くらいのステージもやってみた。派手な着物姿の女性楽士達が（男性は僕一人）、これまた派手なアコーディオンを持って並び、童謡・唱歌・懐メロなどを歌って演奏し、大会に花を添えることができた。

アコーディオンがこれから、日本で出会ったチンドン太鼓を伴って歩き出し、今度は世界各国にチンドン屋というものを広めていってくれたら、などと考えただけで、僕の胸は高なるのだった。

チンドン屋を始めた男

飴《あめ》売りの飴勝《あめかつ》そして広目《ひろめ》屋

ここで、チンドン屋というものの歴史について説明したい。もっともこれから書くことは、全て人から聞いたか本で読んで僕が知ったものだ。一般的にいわれていることだから、どこまで正確かは分からない。何とぞご了承のほどを。

チンドン屋の始まりは飴《あめ》売り。江戸時代末期の弘化二年（一八四五年）に、大阪の千日前で飴の行商《ぎょうしょう》をしていた飴勝《あめかつ》という商人が、その口上《こうじょう》の腕を買われて、寄席の呼び込みを頼まれたのがきっかけだったそうだ。つまり、それまでは他の商売のために宣伝することを仕事とするという発想がなく、この時始めて「宣伝代行業」なるものが発祥《はっしょう》したというわけだ。

この飴勝の弟子に勇亀《いさみがめ》という男がいた。口上の際に「とざい、とーざい」と切り出すのを得意としていたため、大阪ではこの形式の宣伝代行業のことを「東西屋《とうざいや》」と呼ぶようになる。大阪ではその後も、明治時代に丹波屋九里丸《たんばやくりまる》という名人の活躍もあり、チンドン屋の基礎がだんだんと出来上がっていくことになる。

そして、明治十七年（一八八四年）に秋田柳吉《あきたりゅうきち》という人が、大阪から東京にこの形式を持ち込み、「広目屋《ひろめや》」という屋号で宣伝楽隊を旗揚《あ》げする。元軍楽隊員などを集めて、企業の宣伝や運動会のマーチ演奏を担当する仕事を始めたのだ。今のチンドン屋よりも大人数だったらしく、いつか見た古い映画では十数人が行列で演奏していた。そしてこの形式は東京でも広まり、「広目屋」というのは広告宣伝業を総称した名前にもなったのである。

この形式はやがて全国にも広がり、ライオン歯磨《はみがき》や花王石鹸《せっけん》や味《あじ》の素《もと》といった大企業が、新製品を発売したときのデモンストレーションとして、楽隊広告を使って全国規模で商品の宣伝をするという形が出来上がってくる。さらに楽隊の編成にも変化が起き始める。昭和の時代に突入する頃、それまで別々の人間がひとつずつ持って叩いていた鉦《かね》と太鼓を、木枠《きわく》にまとめてひとりで叩くチンドン太鼓が考案された。いわば人件費節約でもあったわけだ。チンドン屋という言葉が使われ始めたのも、大正から昭和にかけてのことといわれている。「ふるさとは遠きにありて……」で有名な室生犀星《むろうさいせい》が、「チンドン世界」という小説を発表したのもこの頃である。

昭和六年（一九三一年）頃、映画はそれまでのサイレント映画からトーキーに変わった。すると映画館で働いていた弁士や楽士《がくし》は一斉《いっせい》に失業してしまう。中にはラジオの司会や漫談家に転向して有名人になった者もいるけれども、かなりの数がチンドン屋へ流れ込んだ。

サーカスの楽団からも、チンドン屋に人が流れた。通称「ジンタ」で知られるおなじみの三拍子《びょうし》「美しき天然」は、サーカス出身楽士のレパートリーだったらしい。「哀愁を帯びたワルツが空中ブランコの揺れにちょうどマッチした」というのが俗説だ。昔のチンドン屋が何となくもの悲しくイメージされるのは、この曲のせいもあるのだろう。もっとも、現在の街頭宣伝ではあまり演奏されない。

太平洋戦争が終わると、チンドン屋は次々と開店するパチンコ屋に雇われて、その人口もかなり増加する。昭和三十年代前半には東京だけで一千人、全国で二千五百人ものチンドン屋が仕事をしていたらしい。そして昭和三十年（一九五五年）は、記念すべき富山の「第一回全日本チンドンコンクール」。このイベントが二十一世紀まで続くなどとは、発案者達も予想できなかっただろう。
しかし昭和三十年代はテレビの台頭期でもある。テレビの普及でコマーシャルが増え、多くのチンドン屋が廃業に追い込まれた。町の様子もずいぶん変わった。交通量の増加、街頭での仕事の規制、何より娯楽が多様化したことによって、広告主にとってチンドン屋はそれほど重宝《ちょうほう》される存在ではなくなったのかもしれない。
昭和六十三年（一九八八年）、昭和天皇の容態が悪化した年。全国のイベントやお祭りは自粛《じしゅく》ムード。時代が平成に変わる頃には、チンドン屋の仕事はさらに減ってしまったらしい。それでも、現在のチンドン屋業界を活気づけている若手の参入は、逆にこのあたりから始まっているのだった。

「チンドン学校」

その昔、九州には「チンドン学校」なるものが存在していた。学校といっても、きちんとした学校ではなく、チンドン屋の親方が先生で弟子が生徒というだけのこと。人を集めて芸を教え、自分の仕事を手伝わせたり独立させたりする、いわば「チンドン屋養成所」である。昭和三十五年「第六回全日本チンドンコンクール」で最優秀賞を獲得した、熊本のひまわり宣伝社がやっていたものらしい。

実をいうと、この「チンドン学校」の存在を裏付けるものは、ここから独立した鹿児島のちんどん芸能社の親方・尾崎好美《おざきよしみ》さんが生前に語ってくれた思い出話だけである。それも親方が、

「当時はいっぱい人がおったんや」

というだけで物的証拠は何も残っていないのだ。しかし、熊本は僕の出身地でもある。故郷に自分の知らない「チンドン学校」があったなんて、ほっておくわけにはいかないだろう。

仕事で熊本に行ったついでに、県立図書館と市立図書館で古い新聞や郷土史の資料も調べてみたが、何も出てこない。昔は地方のチンドン屋なんて脚光を浴びることもなかっただろうから、当然かも知れない——。そう諦《あきら》めかけていた頃のこと。

熊本に住んでいたころから気になっていたお店に足を運んでみた。繁華街・上通《かみとお》りの外れにある、その名も「手風琴《てふうきん》」というスナックである。ここはアコーディオンの生演奏に合わせてお客さんが懐《なつ》メロを歌えるという、われわれチンドン屋には堪《こた》えられないタイプの飲み屋だ。そこでこの店のマスターである、御年《おんとし》七十歳のアコーディオン弾《ひ》き・大島先生と呼ばれている方が、

「おたくチンドン屋さんなの。そういえば裁判所のそばにひまわり宣伝社というチンドン屋があったな」

鹿児島・ちんどん芸能社の尾崎好美親方（右。1996年10月）

といわれたのだ。いきなりだが、これはすごい手がかりだ。熊本地方裁判所ならもちろん知っている。

その後の僕は、熊本に行くたびに裁判所の近所で散歩中の老人をつかまえては、

「このあたりに昔チンドン屋がありませんでしたか？」

と尋ねて回った。しかし、みんな質問は聞いてくれるものの、チンドン屋なんて知らないという。

再び諦めかけていた頃、有力な情報が舞い込んだ。裁判所からほど近い内坪井《うちつぼい》町というところに、日本の大学受験予備校の草分けでもある「壺渓《こけい》塾」という古い予備校がある。この真正面にチンドン屋があったことを、訪ねた文房具屋の主《あるじ》が覚えていたのだ。しかも隣には大家さんがまだ住んでいるという。

現地にいってみると、そこはただの月極駐車場になっていたが、幸いなことに隣人であった大

家さんから話を聞くことができた。八十歳の女性である。

「どんな雰囲気だったんでしょうか」

「とにかく活気がありましたねえ」

「それは親方が……」

「旦那さんと奥さんとね……。全部で十人くらい出入りしていらっしゃいました」

十人もいたとは、さすが「チンドン学校」である。

「仕事はもう毎日ね。朝から時代劇の格好して、のぼり旗と看板を持って仕事に出かけられてました」

親方は昭和二十年代に長崎県佐世保市にいて、その後はこの内坪井町に昭和三十五年くらいまで住んでいたらしい。その後は熊本市近郊の大津町に引越したようで、そこで昭和五十年代前半に親方が亡くなるまでチンドン屋の活動は続いていたのだという。

ひまわり宣伝社から最後に独立したのが、大阪は八尾のなにわ家《や》企画・牧田寿水親方である。今やこの親方も七十代半ばだが、親方は最近になって行方《ゆくえ》をくらましてしまった。

というわけで、肝心の「チンドン学校」の内容については全く分かっていないのだが、僕は以前なにわ家の親方のチンドンの叩き方を見ていて、ひとつだけその学校で教えていたと思われる

ことに気がついた。それは、

「チンドン太鼓の鉦《かね》が左手打ち、平釣《ひらづり》太鼓が右手打ち」

だということだ。写真で確認しても、ひまわり宣伝社、ちんどん芸能社、大阪なにわ家企画のチンドン太鼓は全てそうなっている。通常は右手で鉦を叩くのだが、逆になっているのだ。これでは左手でリズムをキープすることになり、右利《き》きの人が叩くには難しいのだが、何か理由があるのだろうか。実はここに、「チンドン学校」の奥深さがあるのかも知れないと考えてみるものの、何ぶん証拠がない。それとも、ひまわり宣伝社の親方が左利きだっただけなのだろうか。

九州チンドン界の生き証人

九州にあるチンドン屋は全て平成になってから誕生したものばかりである。平成十六年（二〇〇四年）現在で、富山市の「全日本チンドンコンクール」に出場している、福岡のわれらがアダチ宣伝社や、ビー玉本舗《ほんぽ》、平成ちんどん本舗、こんぺい党、長崎のかわち家《や》の五組全てが、ここ十年以内に仕事を始めたチンドン屋なのだ。

ところで、過去のチンドンコンクールの出場チームを調べてみると、例の熊本のひまわり宣伝社、久留米のクローバー宣伝社などという名前がちゃんと記されている。これらのチンドン屋は

大阪のベテラン、青空宣伝社さんと（富山・全日本チンドンコンクール。1999年４月）

昭和のうちに廃業してしまったようだが、ただひとつ、鹿児島のちんどん芸能社だけは平成九年までコンクールに出場し、その翌年に親方が亡くなるまで仕事を続けていたのである。

前にも書いた親方、尾崎好美さんは、昭和二十四年に大阪でチンドン屋を始め、佐世保や熊本のチンドン屋を渡り歩いた末に、鹿児島市で「ちんどん芸能社」を旗揚げした。昭和二十八年（一九五三年）のことである。

そして、僕が直接会話をした九州の古いチンドン屋は、今は亡きこの親方だけなのだった。初めて会ったのは平成八年（一九九六年）四月の富山チンドンコンクールの

前日、旅館での夕食の時だった。当時七十四歳の大ベテランを前に緊張しながらあいさつをして、お酌《しゃく》しようとする僕に、

「わし、糖尿病やっとるからええわ。けどせっかく若いもんから注いでもらうんやから一杯だけな。わっはっは」

と、関西弁と九州弁が混ざったようなアクセントでニコニコと話を始めてくれた。

「あの……、福岡のアダチと申します」

「おお、福岡にも若いチンドン屋が出来たんか。ええなー」

「はあ……。明日はよろしくお願いします」

「わしなあ、福岡にも仕事もってるから、今度あったら手伝ってもらうわ」

「いや……。まあ、明日見ていただいてから……」

「しかしなー、あんたまだ若いんやから芸能人を目指した方がええでー。チンドン屋ではなー」

想像していた大ベテランのイメージとは大違いの、本当に愉快なことをいう親方だった。翌日はパレードで口上を述べていた僕に、

「あんた、ええ声やなー」

などと感心している。この道四十七年とは思えないはしゃぎようだった。そして、僕らが畏《おそ》れ多

くも優秀賞を獲得すると、

「もう、あんたに任せとったら九州のチンドン屋は安心や。わしゃ胸がすっとしたで」

九州のチンドン屋が入賞したのはずいぶん久しぶりだそうで、まるで自分のことのように喜んでくれたのだった。

僕はその後、わが社の仕事で鹿児島に行った折に何度か親方の家を訪れた。親方はマンションの五階に住んでいるのに、わざわざ外まで迎えにきてくれた。いっしょに西鹿児島駅前のアーケード街を流したこともある。その時も顔見知りの商店街の人達に、

「わしの息子や。後継《あとつ》ぎや」

と、僕のことを紹介してうれしそうに笑っていた。テレビ取材のために頼まれてやった仕事ではあったが、これが唯一の共演となってしまった。

そして、近所の中華料理屋でごちそうになりながらいろんな話を聞いた。

「戦争中に地雷で指をやられてな、ほら」

よく見ると、右手の指二本の第二関節から先が無い。

「これでもテナーサックス吹いてたんや」

サックスなら、穴を指ではなくキーでふさぐので、それでも吹けるのかもしれなかった。

総勢120名、チンドン屋大集合。富山・全日本チンドンコンクールで
(2004年４月)

「昭和四十二年に花王石鹸の仕事で沖縄に一ヶ月間行った時や。返還前やから、向こうがギャラをドル紙幣で払いよってなあ。こっちはいくらもらったのか分からんかったわ。わっはっは」

こんな経験をしたチンドン屋はもういないだろう。平成十年（一九九八年）四月、親方は肺炎のために七十六歳で亡くなった。

全日本チンドンコンクール

チンドン屋を語る上で外すことのできない大イベント、それが「全日本チンドンコンクール」である。毎年四月の初めに、北陸は富山で開催される。桜が満開の富山城址《し》公園と市内の大通りを使って、全国から集まったチンドン屋が、様々なステージやパレードを繰り広げるのだ。チンドン屋好きには堪《こた》えられないお祭りである。

元はといえば、空襲で壊滅した富山市を復興させるために、市の職員や商工会議所のメンバーが企画したものだが、当初一回きりの予定で開催されたこのコンクールには、北陸一円から二十万人以上のお客さんが集まったらしい。あまりの評判の良さに、昭和三十年（一九五五年）から平成十六年（二〇〇四年）現在まで、実に五十回を数える恒例行事となったわけだ。

現在も、東京・大阪・富山・福岡・長崎などから、三十数組のチンドン屋が参加している。わがアダチ宣伝社も平成七年（一九九五年）の第四十一回大会からは常連となっていて、富山に出かけるのを楽しみにしている。

さて、「チンドンコンクール」というからには一応の競技形態がある。与えられたテーマに基づいて、ステージ上で四分程度の演技をするのだ。もちろんチンドン屋であるから「宣伝」を行うのが基本だが、そこにはいくつかの審査ポイントがある。

①　チンドン太鼓の技術

②　口上

③　花道の練《ね》り歩き

古参メンバーの阿部。「全日本チンドンコンクール」で。(1995年4月)

④　舞踊や演奏や扮装《ふんそう》や小道具などのアイディア

宣伝のテーマは以前、このイベントに協賛していた商店会・観光協会・デパートなどだったが、最近は「富山市の観光宣伝」「富山市の著名人の応援」などに変わっている。市の役員、メディアの代表、日本舞踊の師匠、市民オーケストラの代表、富山観光大使などのお歴々《れきれき》二十名ほどがこれを審査して、最優秀賞・優秀賞・音楽賞・美術賞・舞踊賞などを決めるのだ。かつては、市内パレードの観客に投票させていた時期もあったらしい。

さて、このコンクールが新聞に紹介されるときに、よく「チンドン屋の甲子園」などと形容されているが、実はそんなに熱く激しい戦いはここでは行われていない。チンドン屋はお客さんを楽しませるもの。参加したチンドン屋の面々も、楽しんで競技している。

だが、やはり若手に比べ、ベテラン親方になるほど余裕がある。彼らは本当に自然体で気負《きお》いもなく、普段の仕事と同じようにステージで芸を披露《ひろう》しているように見える。たった四分で審査を下すには本当にもったいない。後ろをついていって、ずっと見ていたい演技だ。

若手のチンドン屋も、古風な芸に挑戦する伝統継承派、海外の大道芸を取り入れるエンターテイメント派、ナンセンスなセリフや音楽でストーリー展開する新感覚派など、それぞれの路線がある。しかも毎年同じ路線で来るわけでもない。この「比較のしようのなさ」もチンドン屋のコンクールならではだと思う。

わがアダチ宣伝社も、参加当初はえらく緊張していた。福岡から参加した駆《か》け出しのチンドン屋と、東京や大阪の大ベテラン。まともに相手にはしてもらえまい。とにかく全体の足を引っ張らないように頑張ろう。富山に滞在している三日間、そう考えてずっと緊張していた。

それにしても初出場の頃のアダチ宣伝社はひどかった。はた目に見たら、若者のチンドン同好会といった雰囲気だっただろう。まあ、今でもあんまり進歩してないような気もするが、とにかく富山のコンクールでは、チンドン屋に関するいろんな事を勉強させてもらった。未熟《みじゅく》な部分を、ここで出会った親方達に随分《ずいぶん》と助けてもらった。

「太鼓を叩くバチの角度も見栄《みば》えよくするんだよ」

「着物買うんだったら、東京で安いとこ教えてあげるよ」

「こういう曲のゴロスはドンタタ、ドンタタってやるんだよ」

などと、よく呆《あき》れもせずに教えてくれたものだ。「富山のおかげで現在のアダチ宣伝社がある」のは間違いない。そういう意味でも、僕にとっては外せない恒例行事なのだ。

チンドン通《つう》向け？「全国チンドン祭」

毎年五月第四日曜日、愛知県一宮《いちのみや》市の萩原《はぎわら》商店街という小さな商店街で「全国チンドン祭」なるイベントが行われている。これが、先行の富山市「全日本チンドンコンクール」に影響を受けたものであることは明らかだが、それでも昭和四十二年（一九六七年）から四十年近く続いているのだから大変なものである。

はっきりいって、このイベントは必見だ。富山もいいが、通《つう》好みなのは萩原町なのだ。

萩原町・チンドンコンクール。右は東京のみどりや進親方（1999年５月）

「なぜここに、チンドン屋が六十人も歩いているのだ」

と、誰もが驚くはずだ。いったいこの商店街は何なのだろうか。

実は、このような「富山のアイディアを真似《まね》た」イベントは、昭和四十年頃には全国各地に存在していたらしい。それぞれの規模は小さいがなぜか「コンクール形式」まで真似られ、地元のチンドン屋だけ参加しているのになぜか「全国」の冠《かんむり》がついているイベントもあったそうだ。また、通常の宣伝仕事をやらずにチンドン屋イベントばかりに参加する団体は「大会チンドン屋」と呼ばれ、一部業界では蔑称《べっしょう》の意味でも使われていたらしい。

ところで、徳島の阿波《あわ》踊りも全国的に広がったし、札幌で大学生達が始めた、よさこいソーランまつりも全国に飛び火している。しかし、「チンドンまつり」がそこまで全国に広がらなかったのは、その「参加しにくさ」に原因があるのかもしれない。チンドン屋はあくまで業《なりわい》なのだから、祭りに向けてグループの数が急に増えるということもない。

萩原町では、「全国選抜チンドンコンクール」という名前で演技が行なわれる。この「選抜」という文字に、主催者である商店街振興組合の自信がうかがえるのだった。ここの役員は以前、毎年わざわざ愛知から富山まで足を運び、自分が気に入ったチンドン屋に声をかけて出演を要請していたという。よその商店街が勝手に審査して選んだチンドン屋によるコンクール、本当に「選抜」だったのだ。

イベントの規模を富山と比較してみよう。

◉富山県富山市「全日本チンドンコンクール」

主催：富山市・富山市商工会議所。

人口：富山市三十二万人
会場：富山城址公園（市の中心部）
◉愛知県一宮市萩原町「全国チンドン祭」
主催：萩原商店街振興組合。つまり一商店街がこのイベントを運営していることになる。
人口：一宮市二十七万人
会場：萩原商店街（市の西部）

ちなみに、富山市は県庁所在地。おとなり石川県の金沢ほど都会ではないが、北陸の中核都市である。萩原商店街は、名古屋市の北西にある一宮市でも、外れにある古い商店街だ。全国どこにでもある、衰退に頭を悩ます人通りの少ない商店街のひとつでもある。一宮市の中心街は別の場所にあるし、最も有名なのは一宮市七夕まつり。つまり萩原商店街というところは、町の規模を超えた大がかりなイベントを毎年開催していることになる。

想像してもらいたい。近所にある「アーケードもなく夕方には閉店し日曜日には休業するような商店街」に全国のチンドン屋が二十組数十人も集合しているイベントを。さらに、阿波踊りが数十人、沖縄のエイサーが数十人、よさこいソーラン踊りや鹿児島おはら節パレードが出ることもある。出演者が多すぎる。僕はこんな贅沢《ぜいたく》なお祭りを他に知らない。もっともっと世に知られ

富山・全日本チンドンコンクールのパレード。マリンバで行進する樋口（2001年４月）

てもいいはずなのに、このイベントはなんと、名古屋市に住んでいる人にさえあまり知られていないのだ。

ちなみに、この萩原町は歌手・舟木一夫の出身地でもある。彼の歌に「ロックンロールふるさと」というのがあって、その歌詞によると舟木一夫の生家はまさに、このチンドンコンクール会場のそばである。しかし悲しいことにこの歌、よほどの舟木一夫ファンでないと知らない。あんな大スターを輩出しても有名にならなかった萩原町を、チンドン屋の力で有名にしようというのだから、これはもうあっぱれな商店街というしかない。

アタリヤ演芸宣伝社の堀口親方

この本を書いている間に、伝説のチンドン屋がまたひとり、鬼籍《きせき》に入られた。群馬県前橋市の「アタリヤ演芸宣伝社」の親方、堀口三郎さんである。平成十五年（二〇〇三年）十一月二日、八十八歳であった。

富山のチンドンコンクールではいつも同じ旅館だったので、アタリヤさんとはメンバーを含めてよく話をした。その内容はほとんど昔のチンドン仕事について。終戦後にシベリアから引き揚げた後、親の後《あと》を継いでチンドン屋になったという親方の話は実に興味深かった。

「お手柔《てやわ》らかにね」

富山の旅館での第一声はいつもこれである。お祭りとはいえ一応勝敗のつくコンクールだから、親方はこういう冗談であいさつをするのだ。

「これから若い人達の時代だからね。おたくが頑張らなきゃあね」

こうもいわれるのだが、その割にアタリヤ演芸宣伝社のステージは毎回相当に力が入っていて多彩だった。手品をやったり、両手に持った二本の傘《かさ》の上で大きな紙風船を回したり、当時メンバー全員が七十歳以上とは思えないほど元気だった。ある年のコンクールなどは、旅館に巨大な荷物が届いたので何かと思っていたら、何とそれはアタリヤさんの人力車で、これに乗ってステージに上がろうとしたものだからスロープ途中で立ち往生《おうじょう》、裏方の係員に後押《あと》ししてもらってどうにか演技をされたのだった。

親方の担当はアルトサックスだったが、これがまた強烈である。コンクール当日の朝五時ごろだったろうか。旅館の部屋からサックスの音色《ねいろ》が聞こえてきた。

「最近サックス吹かなくなったから練習だよ」

といっていたが、それにしても早起きだ。そして本番では、そのサックスのベル（音の出る部分）にショルダー型拡声器のマイクを突っ込んで、ブリブリと割れた音色で演奏する。それはもう、前衛的なロックバンドのようなサウンドが響き渡るのだ。首からサックスを提《さ》げるストラップも市販のものではなく、布地で作ったオリジナルの首輪をいつも愛用していた。

八十歳過ぎてからの親方は、自らステージに立つことがかなわず、メンバーの付き添い人として参加するだけのこともあった。背広姿に体育帽を被《かぶ》り、右腕にオリジナルの「アタリヤ」腕章《わんしょう》、そしてテレビのクイズ番組で優勝するともらえるような航空会社の青いショルダーバッグを提げて付き添っていたが、これもある年には、ピエロ風の水玉模様《もよう》の扮装に時代劇のチョンマゲ、鼻と髭《ひげ》のついた丸メガネで付き人になっていたりと、何も付き添いが扮装することはないのに、このおどけた天性こそがアタリヤの親方の魅力《みりょく》でもあったのだ。

チンドン屋を始めた男

前列が群馬のアタリヤ演芸宣伝社さん。中央が堀口三郎親方
（富山・全日本チンドンコンクールで。1997年４月）

僕らが富山のコンクールに初出場の時、
夕食時の大広間で、

「色々教えてあげるから、あとで部屋に遊びにおいで」

といわれたので、八時頃うちのメンバーが訪ねていくと、もう皆さん布団を敷いて寝てしまっていたことがあった。翌年から、早めの時間に部屋を訪ねて親方の話を聞くことにした。

　うちの女性メンバーが、

「現在の仕事はどうですか？」

と質問した時は、しばらく考えた後、

「うーん、銀座でもよく仕事したねえ」

といって、問わず語りに昔のチンドン話を始めた。「現在」を「銀座」と聞き違えたらしいのだが、それでも話が面白いので、ついつい聞き入ってしまった。とりわけ、親方がアドリブで延々《えんえん》と口上を述べる「お店ごとの決め口上」は素晴らしい。これはうちのメンバーがカセットテープに録音しているが、魚屋や八百屋など、雇われた先の商売ごとに気の利《き》いたリズミカルな口上を教えてくれた。

親方から、逆にこういう質問を受けたことがある。

「今年はおたくの親方はコンクールに来ないの?」

最初は、僕のことを親方だと分かっていないんだろうな、と思っていたが、どうもこれは違ったらしい。なぜなら続けて、

「昔は九州のアダチ宣伝社といえば有名でね」

などといい出したからだ。昔あった他のチンドン屋と勘違《かんちが》いしているのだろう。結局僕は、親方の勘違いを訂正しないままであったから、親方も僕のことをよく知らないまま亡くなってしまったことになる。

僕が富山のチンドンコンクールに出始めた時、アタリヤの親方は東京・大阪以外の地区のチンドン屋のリーダーとして、色々な仕切りを担当していた。そして現在、半ば僕がその仕事を受け継いでいるのだが、芸歴として親方に追いつくだけでもこれから五十年のチンドン修行が必要で、

2004年の富山・チンドンコンクール。わが社からは過去最多の12名が参加（2004年４月）

つまりは親方よりさらに長生きしなければならないのだった。

若手も多《た》士《し》済々《せいせい》

一方の若手チンドン屋も実に多《た》士《し》済々《せいせい》である。もっとも、こんな仕事をやっているからには、同業者に感心ばかりしていてはいけないのだが。

アコーディオンと懐《なつ》メロを愛して止まない大阪の女親方、華《はな》乃《の》家《や》ケイさん。楽器や衣装や音楽や映画の趣味が、何かとアダチ宣伝社と通じている。コンクールでお互いの着物を見ては、うらやましがったり感心したり、子供のようにはしゃぐこともある。この原稿を書いているパソコンまで同じ機種だから、かなりセンスが近い。

かつて大阪・難波《なんば》に「シスター」という、長年親しまれていた歌声スナックがあった。女性漫才「ハイヒール」のモモコのお父さんの店で、アコーディオン弾きのマスターと常連客がいつも岡晴夫ナンバーを歌って楽しむことでも知られていた。華乃家ケイさんもここのお客だったのだが、数年前に店を引き継ぎ、名前も「チンドンと懐メロのお店・華乃家」となった。大阪の懐メロ好きにとっては、なくてはならない大切な人なのである。チンドン屋兼懐メロスナックのママなんて、世界中探してもこの人しかいないだろう。

大学卒業間近に「チンドン屋が夢枕《ゆめまくら》に立った」という理由でチンドン屋になったのは、長崎の新星「かわち家《や》」の河内隆太郎《かわちりゅうたろう》親方。周囲が呆れるのも気にせずに、長崎大学卒業後に北九州市の若松川太郎《わかまつかわたろう》一座に入門、その後上京して菊乃家《きくのや》に入門して腕を磨《みが》く。上京前のテレビ取材に対して「長崎でチンドン屋を開業して地元を明るくする」と語っていた目標そのままに、現在では長崎でその名を知らぬ者はないほどの人気者だ。

彼が親方や先輩のことを慕《した》う気持ちは格別で、反対に東京のベテラン親方衆も、ライバルの若い親方衆も、かわち家には大きな期待と信頼を寄せている。平成十四年（二〇〇二年）の全日本チンドンコンクールで最優秀賞になった時など、みんなから胴上げで祝福されたほどだった。

師匠の菊乃家〆丸《しめまる》親方も、『チンドンひとすじ七十年』（岩波書店）の中で、

「一番うれしいのは（中略）独立した若い人達が、大活躍していることですネ。河内くんが最優秀賞とったら、堀田くん達若い衆が胴上げしてましたが、そんなこと富山ではじめて見たし、若いってすばらしいことですヨ」

と綴《つづ》っておられる。

これ以外にも、チンドン屋の若手はバラエティに富んでいる。だけど、僕が説明するには一筋縄でいかない個性の持ち主ばっかりだから、書き出すととても紙幅が足りない。くどくど書くよりもう、実際に出会ってから楽しんでもらうに限る。ほぼ全員が集まる「全日本チンドンコンクール」（四月・富山市）、「全国選抜チンドンコンクール」（五月・一宮市）、そして後でたっぷり紹介する「全国ちんどん博覧会」へぜひお越しを。

第三幕　チンドンは業《なりわい》と心得よ

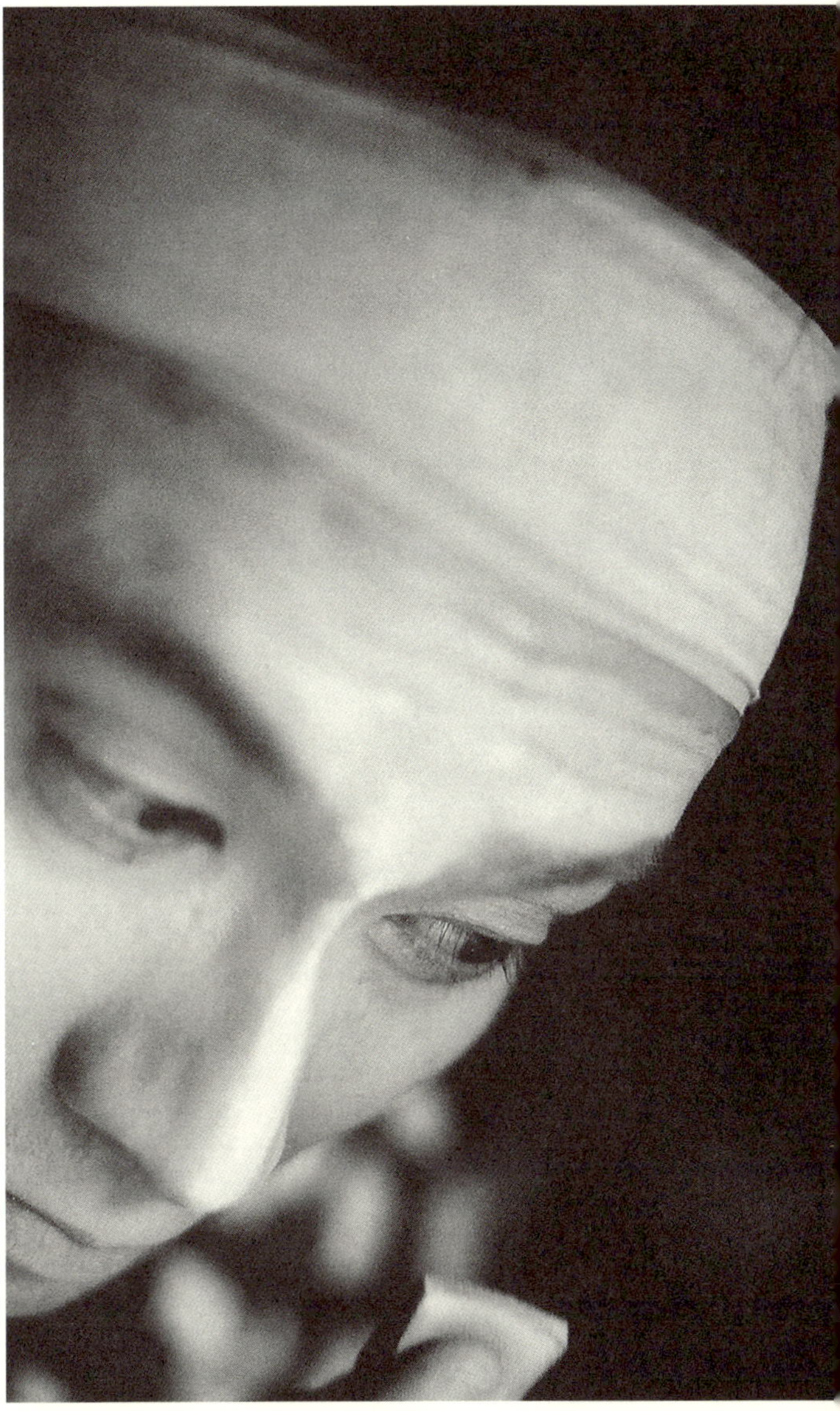

そもそもチンドン屋というものは……

チンドン屋のあるべきたたずまい

チンドン屋は基本的に個人事業主である。たいてい親方とおかみさんが、夫婦でそれぞれチンドン太鼓とゴロス太鼓を担当する。そしてなじみの管楽器吹き、すなわち楽士《がくし》らを加えた編成で仕事に出発、または現地に集合する。特に店を構《かま》える必要もないので、自宅が仕事場を兼ねていることが多い。昔の裁縫《さいほう》職人や大工さんの家のような感じだろうか。派手な扮装《ふんそう》とは裏腹に、普段は通りすがっても「ここがチンドン屋です」とは判《わか》らない普通の家やマンションに住んでいる。

では、チンドン屋の家に足を踏み入れると、さぞかしキンキラキンな道具があちこちに、と思

東京の小鶴家幸太郎親方（中央）とわが社の女性チーム
（富山・全日本チンドンコンクール。2000年4月）

われるかもしれないが実はそうでもない。玄関先やお茶の間におじゃましても、「この世帯主がチンドン屋であること」を立証するものはおよそ発見できないだろう。少なくとも、過去に訪問したことのあるベテラン親方、東京の喜楽家《きらくや》扇太朗《せんたろう》、小鶴家《こづるや》、みどり家《や》、菊乃家《きくのや》、鹿児島の珍芸社《ちんげいしゃ》のお宅で、僕はそのあまりの一般家庭的な雰囲気に拍子《ひょうし》抜けしてしまった。

東京・京島の菊乃家〆丸《しめまる》親方のお宅にうかがった時のこと。玄関先に立っていると、

「いらっしゃい。どうぞ中へお入りなさいよ」

奥から素顔の親方が話しかける。入ってすぐにちゃぶ台があり、親方は座ってお茶

を飲んでいる。ご近所のやさしいおじいちゃんさながらだ。それから、

「いやね、この前おもしろい仕事があってね……」

などと話し出すのだが、ここからの話術は相当なもの。ここで初めて、このご老人が「ただものではない」ことが判明する。

「病院慰問《いもん》に行ったら、みんな喜んでくれるんだけどね。私の方が年上なんだからしょうがない話でさ。ハハハ……」

まるで落語か漫談でも聞いているような気持ちになる。

さて、別の部屋すなわち衣装部屋・道具部屋に入ると一変、衣装屋さんもびっくりの光景が広がる。数々のかつらや着物や化粧道具に楽器類が、きちんと整理整頓されて、来《きた》るべき出番を待っているのだ。チンドンコンクールで獲得したトロフィーや賞状も半端《はんぱ》な量ではないが、それもきちんと並べられている。これだけの商売道具を持っていれば当然だが、ちゃんと片づけができない性格の人間は親方に向かないのかも知れない。意外に思う方もおられると思うが、チンドン屋の家《うち》はどこも掃除が行き届いているものなのだ。

おかみさんがチンドン屋に従事していないところもある。別の仕事をしていたり専業主婦だったりするわけだが、それでも面白いのは、忙しい時に何度かチンドン屋の手伝いをやらされた経

なじみの食堂で。おかみさんと世間話に花が咲く（2004年10月）

験があるところ。平岩弓枝の小説『チンドン屋の娘』でもそうだが、人手に困って家族に無理やり仕事を手伝わせるのは、どこの零細企業でも同じなのだろう。問題は仕事の後、これが元で家族の仲が悪くなるか、それとも意外になじんでおかみさん自《みずか》ら親方の後継《あとつ》ぎになってしまうかというところであるが、少なくとも現在も続いているチンドン屋は、やはり家庭が円満なのかもしれない。

大阪の老舗《しにせ》のチンドン屋には、代表者は現場に出ずに社長業に専念する青空《あおぞら》宣伝社や秀《しゅう》明《めい》工芸社のようなところもある。ある意味で「人材派遣業」のようなものだから、社長として仕事の指導にあたったり、人員の手配やお客の開拓をするのが主な仕事と考えているのかもしれない。芸能プロダクションの社長だって、渡辺プロ・ホリプロ・田辺エージェンシーなど創業者はみんな元バンドマンである。「チンドン屋は死ぬまで現役」という親方たちの生き方は本当にかっこいいものだが、現役を退いて社長になり、後進の指導に専念するという考え方も立派だ。

ところで、自慢するわけではないが、わがアダチ宣伝社は有限会社つまり法人形態である。大阪のちんどん通信社も「有限会社東西屋」という法人だ。会社組織のチンドン屋なんていうと、「ずいぶん稼《かせ》いでいるね」と嫌味をいわれるが、実際のところはこれが全然儲《もう》かってない。

うちの場合はもともと僕に野心があったわけではなく、実は「音楽制作会社」として有限会社を設立したのに、それがいつの頃からか「チンドン屋の会社」になっただけなのである。現在は音楽制作の仕事はほとんどやっていないので、その方面の売り上げは限りなくゼロに近い。

さて、チンドン屋としては珍しい法人形態なのだが、その見栄《みえ》ばかりが先行しているから大変だ。自宅と別に事務所を構えているため、それぞれに家賃を支払わないといけない。自宅でやっていてもいいのだが、自宅にいるといろんな誘惑に負けて仕事をさぼりがちになる。無理して仕事場を借りているのだ。それに、税金や保険の事務手続きなど面倒な浮《う》き世《よ》の雑事も多い。まあ、自分が好きでやっている仕事だから、忙しくてもやりがいはある、ということにしておこう。

事務所で依頼主と事前の打ち合わせ。これも親方としての大事な仕事だが、天候次第で直前にキャンセルが入ることもしばしば（2004年12月）

チンドン屋を何だと思ってるんだ

「楽しい仕事かもしれません。でも、収入を期待する人にはおすすめしません」

僕はこれまで、チンドン屋志望の若者に対しては、必ずこう断ってから対応してきた。「チンドン屋という企業に就職するつもり」でやってくるのが必ずいるからだ。チンドン屋には月給の制度はない。もちろん、ボーナスも退職金もない。基本的には一現場ごとの報酬、つまり日雇《ひやと》い労働者の扱いである。しかも実力がなければ仕事も回ってこない。毎日の収入が保証されていないにもかかわらず、練習をしておかなければお呼びがかからない、ということだ。

「それでも、どうしてもチンドン屋になりたい！」

というならば、以下「アダチ宣伝社」の面接の実例を参考にしてもらいたい。

◉質問例一「楽器がまったく出来なくても仕事はありますか？」

回答「チンドン屋は音楽がすべてではありません。しかし、太鼓も管楽器も何にも出来ない、では仕事はありません。だから楽器の練習は必要です。そして楽器の練習というものは、毎日やるものです。趣味で楽器をやっている社会人ですら、週に一度くらいは楽器に触りますから、あなたの練習がそれと同程度であれば、当然あなたはプロにはなれません。自主的に毎日練習をすれば、いつか仕事もあるでしょう」

◉質問例二「お金はいくらくらいもらえるのですか？」

回答「普通のアルバイトの日当くらいから始まります。でも、現場は毎日あるわけではないですよ」

◉質問例三「ロックバンドのソウルフラワー・ユニオンのようなことは出来ますか？」

回答「あちらはアーティスト、チンドン屋は宣伝広告業です。あんな風にかっこいい仕事はありません」

それから、もう書くのもバカバカしいが、これまで本当にあった会話をまとめてみる。

「僕、ギター上手《うま》いですよ」

また は、

「私、ピアノなら何でも弾《ひ》けます」

（そんなに上手ならプロのミュージシャンになれるんじゃないでしょうか。）

「中学の時に吹奏楽部でしたが、それから十年吹いてません。楽器は持ってないので貸してくれますか」

（じゃあ、もう吹けないでしょうね。管楽器は普通自分の楽器使うでしょうし……）

「化粧しなくていいですよね。素肌がきれいだから……」

（あの……。何様のつもりでしょうか）

「練習期間中はノーギャラでいいっすよ」

（「ノーギャラ」なんて言葉はプロが使うんじゃ！）

以上、まるで「誰もチンドン屋になってもらいたくない」ような書き方だが、そうではない。ようするに、お金や技術に関係なく、「何が何でもチンドン屋」という者だけが、この商売を続けているということを、僕はいいたいのだ。チンドン屋が好きで、やめたくてもやめられない。

「チンドン屋を何だと思ってるんだ！」

もちろん僕もチンドン屋になって初めてそういう自分に気がついたのだが。

チンドン屋の「商品開発」とは

僕はチンドン屋であると同時に、経営者でもある。それも、超零細企業の社長にして衰退産業の継承者だ。こう書いただけで将来的に見込みのなさそうな商売だから、普通ならこんなものには手を染めない。では、チンドン屋が好きだからやめられないのだろうか。好きなだけではない。チンドン好きでチンドン馬鹿だから続けてしまっている、というのが正しい。つまり、チンドン屋の社長なんてものはどうしようもない馬鹿だということになる。

しかし、自分でそういいながら少しは真面目に仕事のことを考えてきた。商売だからお金にも頓着《とんちゃく》しなくてはならない。馬鹿な社長について来る、これまた馬鹿な社員も抱えている。そして考えた末に導き出された結論は、

「チンドン屋を業《なりわい》にするのはかなり苦しい」

ということだ。確かにそんなことは最初から分かっている。ではどうするか。

「商品開発をして営業品目を増やすしかない」

そして僕は、チンドン屋以外に何ができるかを考えた。もともとバンドをやっていたから、適当な作曲とカラオケ作りぐらいなら出来る。福岡でしか見られない深夜コマーシャルの音楽もたくさん作った。テレビゲームのBGMも二つ作った。ラジオの仕事を通じて、しゃべりや簡単な小話《こばなし》の構成もやった。どれもあまりパッとしなかったけれども、これらのノウハウを組み合わせて何か出来ないだろうか。

そこで、イベント用に音楽ショーのステージ台本と構成を作り、カラオケを制作、メンバーに練習させた後、資料写真やプロフィールを使ってイベント代理店に提案してみた。結果は見事成功、今では宣伝仕事と同じく各地のお祭りからお呼びがかかる。

依頼する側の重要なポイントは、金額の問題である。

「大勢呼びたいが、予算がないからひとりで出来るショーはないですか?」

というわけだ。人件費のかからないショー、それはピン(一人)芸人に他ならない。

わがアダチ宣伝社がピン芸として開発した「ワンマンバンド」は三種類ある。バンジョーと組み合わせた「バン・バン・ジョー」、木琴と組み合わせた「マリンバ・リンダ」、アコーディオンと組み合わせた「キャプテン・ポルカ」。どれも安易なネーミングだが、分かりやすいのが一番だ。三人それぞれ楽器を車に積んで、単身で現場に出かけて頑張っている。それにしても、うちの事務所に三台もある「ワンマンバンドセット」は場所ふさぎである。

懐かしいものを子供達に見せたい、でもチンドン屋は音が大きい。そういうニーズに応《こた》えるために作ったのが、大型サイズの紙芝居にアコーディオン演奏とクイズを織り交ぜた「街角シアター」。張りきって作ったのはいいが、社内でこの演目をやれるのは僕だけだという事実にあとで気がついた。自分で自分を忙しくしてしまったという、複雑な思いがこもっている。

クマやウサギなど、動物の着ぐるみでバンド演奏やクイズをする「どれみふぁアニマルズ」。実はこれは僕が、ロックバンドで食えなかった頃にアルバイトでやっていたものだ。当時はイベント代理店に頼まれてやっていたのだが、バンドのメンバーは僕が声をかけて集めていたから、いっそのこと自分で新しく構成することにした。しかし、動物の着ぐるみのままで楽器を弾くのは相当練習が必要だ。指の部分だけは出ているのだが、視界が狭くギターもキーボードもほとんど見えない。だから、動物は笑顔なのに中の人間は必死の形相《ぎょうそう》である。

最近、三十六万円かけて、着ぐるみ制作会社に「ものしりロボット」なるロボットの着ぐるみ

わが社の新商品、名づけて「リズムロボット・テンポ君」
(2004年２月)

を注文した。「何か子供たちの勉強になることを」というイベントの依頼が増えてきたからだ。このロボットは、環境イベントでは「エコロボくん」、音楽イベントでは「テンポくん」などと、その場に合わせた愛称で登場する。つまり、どんなジャンルにも使い回しができるのだから、決して高い買い物ではない。

どの商品・演目も開発には苦労するが、音楽好きだからカラオケもつい凝《こ》ったものにしてしまう。それぞれ三十分ほどのショーが、つまらない作品になっていないかどうか、リハーサルを何度も繰り返す。

「ロボットの動きが可愛くない！　もっとおどけるように！」

いい大人たちが汗だくで、真剣に練習する。そうやって一応完成したものをイベントで初披露《ひろう》する時は、必ずビデオに録《と》って反省することも忘れない。改良を加え、さらにお客さんの反応が良くなり、イベント代理店から何度もリピートの依頼が来ればもう大丈夫。

仕事はあくまでもチンドン屋がメインだが、それに付属する営業品目を作ることによって、メンバーの喋《しゃべ》りや音楽のレパートリーや芸の幅が広がればいいと、僕は考えている。諸芸で培《つちか》ったものが、またチンドン屋へと帰ってくればいい。僕はこれでも、チンドン屋の「社長」なのだ。

女はチンドン屋の華《はな》である

阿部紗遥子の苦闘

アダチ宣伝社の主戦力は女である。それも若くて元気、愛嬌《あいきょう》もある。こんなことを書くと自慢話になるが、うちは女性メンバーのおかげで町の人気者になった。それに対して男は全然ダメである。親方である僕も含めて。

世の中に男女平等が叫ばれて久しいが、男が社会に出たからには女より他人より働くのは当たり前だ。働いて働いて、戦い力尽きて死んでいくのが男だったように思う。その上チンドン屋などという、気楽に見られる仕事をやっているからこそ、人一倍努力しようとアジっているのだ。

福岡県那珂川町の商工祭り。衣装が少し増えてきたころ。右端が阿部（1995年10月）

それなのにアダチ宣伝社の男どもは今でも時々サークル活動でもしているかのような無責任さで仕事にのぞんでいるように見えることがある……いや、この話は社内でぶちまけることにします。

さて、わが社に初めて入ってきた女性の名は阿部紗遥《さよ》子。平成六年（一九九四年）六月が現場デビューだから、もう十年選手である。小さい頃からエレクトーンを習い、講師の資格まで持っている。楽譜も読めるし、何と絶対音感もある。高校時代はロックバンドでギターとボーカルを担当し、地元の劇団の看板女優でもあった。そんな彼女を人づてに僕がスカウトして、チンドン屋に引っ張りこんだのである。彼女が二十四歳のときだ。

経歴だけを見ると、大変な人材を手に入れたように思えるが、彼女のチンドン屋以前の活動はそれほど仕事の役に立たなかった。音楽も芝居も自己中心的だったので、「お客さんのための街頭宣伝」が出来るようになるには時間がかかった。僕もそうなのだが、若い時分に音楽や演劇でとんがっていたような人間は、ただ演奏が上手《うま》いとか芝居が出来るということが、チンドン屋ではまったく通用しないことに大きなショックを受ける。ショックを受けずに、「チンドン屋は楽しいね」とだけ思う者がいたとしたら、それはチンドン屋のことが分かっていない極楽トンボだ。

入ってきた当初の彼女は僕のダメ出しにあって、

「出来ない。もう辞《や》めたい」

と、何度も泣いて訴えた。現場の休憩中にずっと泣いていたこともある。

しかし、彼女はその後に着々と実力をつけて、わが社の看板娘になった。現場のリーダーとして、チンドンや口上《こうじょう》はもとより、イベントでは歌も得意としている。チンドンコンクールでも、おかげさまで九州のチンドン屋の姉御《あねご》的な存在となっている。コンクールでアダチ宣伝社が入賞するときは、平成十三年（二〇〇一年）富山の最優秀賞も含めて彼女が功労者であることが多いのだ。

いつだったか、「お嬢さんチンドン屋」などというタイトルで、週刊誌のグラビアを飾ったこともある。いわばアイドル的な扱いを受けたわけだが、富山のコンクールで、

「あのグラビアを見て私もチンドン屋になりました」

という若いチンドン屋に会って彼女は面食らっていた。

その後もうちには女性の参加が多く、常にアダチ宣伝社の仕事を支えてきた。なぜ女性のほうが数多く入門してくるのだろう。

ロックバンドの連中に尋ねてみると分かりやすいのだが、バンドをやっている者でもチンドン屋に関心を示すのは女性のほうだ。好奇心旺盛《おうせい》なのも女なら、街頭で度胸があるのも女である。男はみんな、「チンドン屋なんて恥ずかしい」などというし、やっぱり人前では「ちょんまげ」や「ピエロ」になりたくないんだろう。もっとも、これは博多のロックバンド、つまり「骨太《ほねぶと》な男気ロック」が主流な土地での話なので、一概《いちがい》にはいえないのかもしれない。

チンドン屋も音大卒の時代

いくらチンドン屋が楽器をやるからといっても、そこには僕も含めて「独学自己流インチキ奏法」を貫《つらぬ》いている者も少なくない。さらに、

「チンドン太鼓もサックスもアコーディオンもやりますが、どれも一様《いちよう》に下手《へた》なのでございます」

と、これは僕のことだが、仕事での必要上いろんな楽器に手を出して、全部中途半端な技術のまま進歩がないケースもある。

ところがわがアダチ宣伝社には、音楽大学出身者が三人も出入りしている。いずれも女性で、本来はクラシック音楽を専攻していたにもかかわらず、何の因果《いんが》かチンドン屋になった女の子達だ。

中村祥子はサックス奏者だがこの日はネズミの着ぐるみ（1997年4月）

トランペットを吹く永島幸代《ゆきよ》は、中学・高校とブラスバンド部に所属し、大学では本格的にトランペットを専攻した。やはりうちの北村と同じく、阪神大震災の被災地を慰問していたチンドン屋がきっかけで、この世界に興味を持つようになったそうだ。震災は大きな犠牲を生んだが、

ゴロス担当の樋口。アダチ宣伝社は女性の力でもっているのだ（2004年10月）

その反面チンドン屋に入門する若者も生み出した。音楽講師、結婚式での「アヴェ・マリア」演奏、音楽サロンのレギュラー、交響楽団など、さまざまな仕事をしながらチンドン屋を続けている。彼女は殊勝《しゅしょう》にも、

「手の届くところにお客さんの喜怒哀楽《きどあいらく》があるから」

と、チンドン屋から離れられない理由を話す。彼女もアダチ宣伝社の主戦力として、町回りやイベントにはなくてはならない存在だ。

チンドン太鼓とゴロス太鼓を担当する樋口和美も、中学・高校とブラスバンド部。短大で打楽器を専攻し、マーチングドラム・マリンバ・ティンパニー・コンガ・ボンゴと、たいていの打楽器をこなす。富山市でアルバイトをしていた頃、「全日本チンドンコンクール」のことを知ったというのだが、まさか自分が出ることになるとは思わなかっただろう。

チンドン屋のステージでは、肩からかつぐ木琴を叩いて懐《なつ》メロを演奏する。僕らから見ると名人技なのだが、本人はいたって謙虚《けんきょ》に、

「周りは自分より上手《うま》い人ばっかりですよ」

という。練習熱心で、最近はスティールドラムにも励《はげ》んでいる。イベントでは、ひとりでドラム・マリンバ・スティールドラムを叩く「ワンマンバンド」もこなす。子供向け音楽ステージで

今日は午後からの現場。事務所で着替えと楽器の点検（2004年12月）

もかなり重宝《ちょうほう》する。

ただし、うちの仕事で使う打楽器といったら、おもちゃみたいな安物ばかり。先日も楽器の整理をしていたら、百円ショップで買った楽器のなんと多いことか。彼女が使うカスタネット・マラカス・すず・タンバリンなど、みんな百円。どれも色が派手でチンドン仕事にぴったりではあるのだが。クラシック出身者で日本一安上がりなプロなのではないか。

ゴロス太鼓とフルート奏者として手伝ってくれているのが、白土達子《しらつちみちこ》。東京でフルート講師や演奏の仕事をしているうちに、ある若い女性チンドン屋と知り合いになり、そこの手伝いも始めたらしい。平成十一年（一九九九年）の全日本チンドンコンクールで東京の

月島《つきしま》宣伝社から出場した時、彼女の実家が福岡市であることを聞いていたのだが、それから数年後、

「福岡に戻ってきました。何か仕事があったらお願いします」

と、わがアダチ宣伝社を訪ねてきた。すでにチンドン屋経験者であるから、こっちも安心である。キューバ音楽が好きで、ラテンのバンドにも所属して活動中だ。

僕には、「クラシック畑の人は真面目《まじめ》で気難しい」という先入観があったが、彼女達三人はかなり柔軟だ。もっとも最近は、クラシックの人の方がポップスよりも面白くて楽しい音楽をやっている場合が多い。しかし、こういう人がチンドン屋に増えてくると、僕のようなインチキ演奏者はいつか身の置きどころがなくなってしまいそうだ。今でさえ、一番楽譜を正しく読めないのは、何を隠《かく》そうこの僕なのである。

野球オンチがチンドンで……

われらがアダチ宣伝社五、六名で、プロ野球の応援に出向くことがある。応援するチームはもちろん、地元ホークス。だからといってわれわれは、球場の福岡ドームに観戦に行くわけではもちろんない。福岡ドームの外野席には、「博多何々会」などという、球団公認の応援団がちゃん

とある。一見《いっけん》怖そうな風貌《ふうぼう》のこの応援団の楽士《がくし》達は、茶髪《ちゃぱつ》でガクランのように長い法被《はっぴ》をまとい、なぜか全員が左手をポケットに突っ込んだまま右手だけでトランペットを構《かま》えて、「いざゆけ若《わか》鷹《たか》軍団」という応援歌を演奏する。軽い気持ちで楽器など抱えているとそれだけで睨《にら》まれそうな威圧感も漂《ただよ》っている。

現場は、うちの事務所から歩いて五分のところにある「唐人町《とうじんまち》商店街」だ。福岡ドームから一番近い商店街として、ホークスびいきの店主も多い。ここでは、ホークスがリーグ優勝をかけた試合、つまりマジック1で迎えた日と、日本シリーズで王手をかけた日に、アーケード内に大型テレビを置いてみんなでホークスを応援するのだ。観客は唐人町商店街のお客さんや商店会の人々、通りすがりのその他大勢だ。試合開始直後は十人くらいしかいないのだが、試合が進むごとにどこからともなく人が集まり、終盤には五百人くらいが狭いアーケード内にひしめいてものすごい熱気である。

実は福岡市内には他にもこういった街頭ビジョンがいくつかあって、中心部の天神や博多辺りだともっと観客が多い。二千人くらいはいるだろうか。しかも年齢層が非常に若い。高校生や大学生、サラリーマンやOLも三十代くらいまで。ところが、この唐人町商店街に集まる人々は、圧倒的に中高年が多い。時折テレビ中継で画面に映る人種も、他の街頭ビジョン前にユニホーム

福岡市内、唐人町商店街。福岡ダイエーホークス優勝の瞬間
(2003年10月)

姿の若い女の子達が群《むら》がっているのに対し、こちらは元気な婦人会のおばさんと、雰囲気の違いは一目瞭然《いちもくりょうぜん》である。

　そこで呼ばれたのが、わがアダチ宣伝社。いや、今となっては呼ばれているのか勝手に行っているのか分からなくなった。特に報酬があるわけでもない。最初の頃はタダでビールももらっていたが、近頃は自分達で買って飲みながらやっている。楽器を鳴らせば活気も出るので少しは花を添えていることだろう。

　演奏曲目はたった一曲。件《くだん》の「いざゆけ若鷹軍団」である。これを毎回表裏、チェンジのたびに演奏する。テレビ観戦だと、ここにCMやニュースが入って観客の間《ま》が持たなくなるからちょうど良いのだ。演奏を始めると、それはもう全員で大合唱をしてくれる。これは快感である。日頃はチンドン屋の音楽に合わせていっしょに歌ってくれる通行人なんてそんなにいないから、ウサ晴らしも兼ねているのだ。

これを平成十一年、十二年、十五年と三回やった。うち二回は日本一。最初に日本一になった年は、観客のアンコールが夜遅くまで続き、「若鷹軍団」を百回近く演奏したのではないだろうか。その前年までダイエーホークスは優勝には縁遠い万年Bクラスチームだったから、こんなに優勝が続くとこっちも出番が増えてありがたい。「風が吹けば桶屋《おけ》が儲《もう》かる」じゃないが、地元の景気が上向けば、チンドン屋の仕事も増える。ただ、現実には「ホークス優勝セール」の仕事もいくつかあったが、悲しいことにダイエー店舗からの依頼は一本もなかった。

ところで、この応援では意外な難問に直面した。うちの女性メンバーは野球オンチなのだ。だから試合中、例えばタッチアップで進塁とか、この回は三番打者からだとかで観客が盛り上がっている時に、いったい何が起きているのか状況がまったく分かっていないのだった。こっちは観客を引っ張って盛り上げる役なのに、これでは鳴り物のタイミングが遅れてしまうではないか。出場している選手の名前もほとんど知らない。さらに驚いたことに、「なぜ（リーグ優勝の時と日本一の時と）二度も優勝をするのか」というような質問をする者までいる始末。彼女らは、プロ野球の仕組みすらよく分かっていなかったのだ。

第四幕　旅するチンドン屋

葬儀屋に呼ばれた

こんな仕事が本当にあった

チンドン屋の仕事は宣伝であり、賑《にぎ》やかしである。だから悲しい場所や寂しい場所は似合わない。ただ、延々《えんえん》と続く寂しい通りをチンドン屋で行かされることはある。そんな時は、たまにすれ違うおばさんや民家の窓から覗《のぞ》いているお年寄りにビラを渡して「どうぞ効果がありますように」などと祈りながら行進することになる。

しかしこれまでも、チンドン屋として「これはどうしたものか」というような仕事はあった。いつだったか、葬儀屋さんからの依頼でチンドンを引き受けたことがある。

「新しく葬祭場を作ったから、そこのオープニング企画の宣伝をしてくれ」といわれた。高級な棺桶《かんおけ》や遺影《いえい》や花輪を紹介するビラを配って、葬祭場に来た人達に花やティッシュペーパーなどの粗品をプレゼントしてくれというのだった。いったい、どんな口上《こうじょう》を述べれば良いものか。どこかの葬儀屋のキャッチフレーズに「あってはならぬが、なくてはならぬ」なんていうのがあったが、あまり景気良くやるのも気が引けるし、お通夜《つや》みたいに陰気《いんき》にやるわけにもいかない。

さらにこの場合、選曲が大変だ。まず「死」がテーマの曲や、「死ぬ」というフレーズが出てくる歌を考えてみる。「アカシヤの雨が止《や》む時」「愛と死をみつめて」「喝采《かっさい》」「会いたい」などなど。暗いなあ。それにふざけて選曲しているようにもとれる。じゃあ「生きる」ではどうか。でも「♬死んだはずだよお富さん〜」ってわけにもいかないし「♬僕らはみんな生きている〜」でもないだろう。悩んでいても仕方がないので、縁起がいいか悪いか分からない「チャンチキおけさ」などでお茶を濁《にご》したが、何とも後味《あとあじ》が良くなかった。

こんな仕事もあった。とある「橋の記念日」。福岡市の多々良《たたら》川の下流にかかる大きな橋が何でも由緒《ゆいしょ》正しい橋で、そこの三百周年のお祝いをするのだという。依頼主は橋の近所の商工会なのだが、その日はこれといって他の行事もないようだ。チンドン屋には橋の上で演奏してめでたい口上を述べて欲しいという。しかしその橋というのが、国道三号線という片側三車線の幅広いもので車はビュンビュン走っているし、おまけに川幅も広い。はた目に見ると「車が絶え間なく通る大きな橋の歩道の真ん中に、誰にも聞こえない口上を述べている無意味なチンドン屋がいる」という風景がしばらく繰り広げられているだけに終わってしまった。

この仕事は評判が悪かったようで、その後はこの商工会からの依頼はない。お金をもらっているのに役に立たなかったこちらも情けないが、やっぱりこういうイベントは事前に綿密《めんみつ》な打ち合わせが必要だろう。意味なし、と誰かが気づけばわれわれの仕事は別の趣向で展開していただろう。あるいは最初から呼ばれてなかったかもしれないが。

ヤマハが主催する「ティーンズ・ミュージック・フェスティバル」というコンテストの九州大会に呼ばれたこともある。これは僕が以前ロックバンドをやっていたという理由から招かれた仕事で、コンテストのオープニングにチンドン屋が登場して演奏とあいさつをして、かつ審査員のひとりに加えられるというものだ。座席数八百人ほどの会場は文字通り十代《ティーンズ》の若者で満員。普段そんな客層の前でチンドン屋をやらないうちのメンバーはかなり緊張していたが、口上の合間に流行《はや》りのロックナンバーをチンドン編成で演奏すると、若い観客にどよめきと拍手が起きた。してやったりである。

そして審査。二十組ほどのバンドや弾《ひ》き語りの若者を、審査基準に基づいて採点していったのだが、彼らにしてみれば「バンドくずれのチンドン屋のおじさん」などに自分の熱いサウンドを審査されるなんて不本意だったに違いない。途中何度か司会者からコメントを求められたが、「ラップを取り入れるとは今風ですね」とか「若さが爆発ですね」など、僕も結局おじさん的発言しか出来なかった。

審査会議の方はもっと大変で、他の審査員がやたらに僕に気を遣《つか》ってくる。東京から来た音楽プロデューサー、音楽雑誌編集者、地元放送局のディレクター、レコード会社のプロモーターなど、そうそうたる面々であるにもかかわらず、一応ゲスト審査員である僕の意見を大事にする。かくして九州大会の優勝者は、チンドン屋の親方の意見が過剰《かじょう》に反映されて決められてしまったのである。もちろん公正な目できちんと審査したつもりだから、負《お》い目を感じることは全くないのだが、何だか複雑な気持ちになった。

「あれがスピーカーです」

何ぶん、わがアダチ宣伝社はイベント仕事が多い。現場に行ってみたら、聞いていた話とはだいぶ違うということもある。うちの営業品目（演目）と、当日の客層が合ってない、なんてことも、最初の頃はしょっちゅうだった。

例えば「鍵盤ハーモニカバンド」というのがある。これは、小学校で使う鍵盤ハーモニカでポップスやジャズを演奏してみせるもので、ベースやドラムと組んで若者向けのイベントに呼ばれるのが普通なのだ。

ある時、そう聞かされて現場に行ってみるとこれが年寄りだらけのお祭りで、面食らったわれわれは急きょ曲目を変更、全編懐《なつ》メロで「鍵盤ハーモニカで贈る古賀メロディーショー」となった。

「では次の曲は、霧島昇《きりしまのぼる》さんの『誰か故郷を思わざる』です！ ワン・トゥー・スリー……」

昔のバンド仲間とはいえ、ベースもドラムもよくやってくれたと思う。結果的にはお客さんも喜んでくれたが、それなら最初からチンドン屋編成にしておけば良かった。

逆に、ハワイアンバンドで呼ばれたのにお客が子供ばっかりだった、ということもある。せっかく練習した「ブルーハワイ」「小さな竹の橋」を「森のくまさん」「おもちゃのチャチャチャ」に変えざるを得なかった。

会場の音響機材で困ることもある。うちにはマイクがないと出来ないステージ品目もあるから、事前に電話で、

この10年間で、メンバーにも子どもが出来た（2003年11月）

「マイクやスピーカーは準備できますか」

と確認してから現場に行くのだが、こっちの想像している設備と会場にある機材の落差が大きくて途方《とほう》に暮れたことも一度や二度ではない。

「あれが、スピーカーです」

　ある村祭り会場で指差して見せられたのは、田んぼのあぜ道にあるような電柱のラッパ型スピーカーなのだった。これでは、われわれの演奏が村中に響き渡るではないか。こうして、その日ステージの模様は会場ではなく、電柱ごとに村全体に中継されてしまったのである。

　屋号を間違えられることもよくある。ポスターや看板に「アダチ宣伝社」ではなく「ア

「ダチ工芸社」「アダチ芸能社」「アダチちんどん屋」などと、「近いけどちょっと違う名前」になっている。それくらいならいいが、チラシに「平成ちんどん本舗《ほんぽ》がやってくる！」と、同じ福岡の別の屋号が大書されていたこともあって、さすがにこの時はこっちが会場を間違えたかと思って慌《あわ》ててしまった。まあ、お客さんにしてみれば、チンドン屋はチンドン屋、ピエロはピエロであって、具体的な屋号までは別に問題ではないのだ。

「ピエロのフルフル」という芸名でパフォーマンスをしているうちの田中理恵子などは、あるイベントでポスターに「ピエロのサム君登場！」と書かれていた上、写真も全く別の男性ピエロだったという経験がある。ここまで間違われていることも珍しい。

さてある時、イベントの打ち上げの席で関係者に、

「おたくも結構いいギャラ取るねえ。四十万円だって」

といわれて驚いたことがあった。うちはその仕事では十万円しかもらっていない。もし本当に四十万円が支払われたのだとしたら、いったい誰がそんなにピンハネしているのだ。

この話を、知り合いのタレントにぶちまけたら、

「あんたも偉くなったねえ。それだけピンハネされるようになったら売れっ子だ」

とからかわれた。

ナンセンスすぎる現場

チンドン屋は「どんな宣伝も臨機応変《りんきおうへん》にこなす」ものだと思っている。けれども過去に「こなせなかった依頼」もある。それは果たして、わがアダチ宣伝社の力不足なのか、それとも注文が無茶なのか、これまで「こなせなかった依頼」にこんなものがある。

市内のある英会話教室の宣伝。目的はもちろん生徒を集めることだが、大手の英会話スクールに押され気味の地元英会話教室は、うちのチンドン屋を見かけてこう考えたらしい。

「街角パフォーマンスの集客力を利用して、英会話の面白さを伝えよう」

現場は福岡市の繁華街・天神。しかも毎週日曜日にやるという。僕は喜んでこの依頼を引き受けた。

だが当日、ただ「生徒募集」のビラを配るだけだと思っていたうちのメンバーに与えられた任務は、

「道端で外国人教師と英語の寸劇をやる」

というものだった。何と日本語を使ってはいけないのだという。

まず、教師が自分の持っていた本を高々と掲《かか》げて、

「ジス・ブック・イズ・マイン！」

と叫ぶ。それに答えてうちのメンバーが、

「ノー。イッツ・ノット・ユアズ！」

こんな調子で寸劇が始まる。それからアドリブでやりとりが続くのだが、会話は一分も持たない。ほとんど英語なんて知らない人間に、英会話で芝居をやれというのだから当たり前だ。うちのメンバーは全員しどろもどろになっていた。

「えーと、ああ……。ホワイ……ドゥ・ユー……えーと……」

これではパフォーマンスにならないし、人だかりなど出来るはずもない。適当にごまかして楽器演奏に逃げようとすると、横で見ている肝心《かんじん》の依頼主が、

「あ、楽器は弾かなくていいから」

というのだった。再び英語劇に呼び戻され、悲痛の表情で叫ぶ。

「ノー！　ノーです！　これはちょっと出来ません！」

「オー！　日本語デ喋《シャベ》ッテハイケマセン！」

かくして、毎週やるはずのこの仕事は一日限りで終了した。依頼主はこの結果に不満そうだったが、約束のお金はきちんと払ってくれた。何の役にも立てなかったが、これを完璧にこなせるチンドン屋がいたら代わってもらいたい、とも思った。

また、福岡市近郊のとあるスーパーのビラ配りで、こんなことがあった。ここのオーナーは、うるさ型の七十歳くらいの女社長である。朝から同行して、ビラがちゃんと配られているかどうか監視している。これだけでも相当なプレッシャーだが、とある屋敷の前にさしかかった時、

「あんた達、ちょっとここで待ってなさい」

といってその屋敷に入り、そこの奥さんと立ち話を始めた。友達らしいのだが、延々《えんえん》と話し込んでいてなかなか戻ってこない。三十分も待たされたあげく今度は、

「ちょっと途中でお墓参りしなきゃいけないから」

と、何とわれわれチンドン屋を引き連れ、竹林の中を歩いて先祖の墓参りに向かったのだ。その後町回りに復帰させてくれたものの、疲れきったメンバーに向かって今度は、

「だいたい男がいちばん軽い楽器持ってどうするのよ」

と説教した上、北村のバンジョーを取り上げてチンドン太鼓を持つように命じた。

「あんたがこれやりなさい」

代わりにバンジョーを手渡された阿部は、触ったこともない楽器をどうしていいか分からずに困っていた。結局この編成で夕方まで何とか乗り切った。このスーパーからは、その後も依頼があったが断っている。

ビラ配りの極意

僕がチンドン屋になって苦しんだことのひとつ、それは「ビラ配り」である。何せ、楽器が弾けて仕事になる、という甘い期待も先行して足を踏み入れた業界である。元々ロックバンドをやっていた僕のような人間なら、「ビラ配りなんかせずに演奏に専念したい」のが本音であろう。しかしそれではダメなのだ。まして親方の僕が、そんなことは口が裂けてもいえない。チンドン屋は宣伝のプロなのである。鳴り物・口上・ビラ配り、どれも完璧にこなさなければ一人前にはなれない。

以前いわゆる「出方《でかた》」として、僕より若手の長崎のかわち家《や》の親方に応援を頼んだら、「僕にビラ配りさせて下さい。『魂のビラ配り』をやります」といって、率先《そっせん》してビラを配ってくれた。

鳴り物や口上は、自分で完結させることができるが、ビラ配りは違う。相手が受け取って初めて完結する。時間が経過しても、預かったビラがいっこうに減らない場合、それは仕事をしてないに等しいのである。通行人だって、自分に必要ない紙切れなどもらいたくない。

だがこの「通行人からの受け取り拒否」が何人も続くと、ビラを配る側の士気は確実に下がっていく。そこで時々、自分で気合いを入れなおす必要がある。笑顔で頑張って配ろうとする。何

福岡県吉井町。古い町並みにはチンドン屋がよく似合う。（1996年５月）

広島のショッピングセンターからの依頼で、テレビＣＭ撮影。チンドンに浮き輪や足ヒレをつけて、夏のバーゲンを演出（1997年７月）

のチラシであるかを声に出して手渡していく。そうして、全部のビラを配り終えた時の達成感は何ともいえないものだ。結局は、

「心（気合い）のこもったビラ配り」

　これが全てではないだろうか。もちろん、百人の通行人全てにビラを受け取らせるのは現実的には不可能だ。しかしそこはチンドン屋なのだから、親方の口上や演奏の間合いに上手《うま》く入りこんで配り、町の人達が、

「何の宣伝だろう。私にもちょうだい」

と、群《むら》がってくるような働きをしなければ一人前ではない。かくいう僕も、そんなに見事なビラ配りは出来ないのだが。

　親方も口上を述べる側として、ビラ配りが効率良くいくようにサポートをする。

「詳しいことは、ただいま配布中のチラシにてお確かめ下さい」

など、

などと、もっともらしいことをいってビラを受け取るように仕向ける。先述のかわち家の親方な

「お母さん、このチラシもらわないと絶対にお買い物で損するよ」

といって、無理やり手渡すのだった。さらに、

「お店に行ったら『チンドン屋さんにチラシをもらって来た』って必ずいってね。そうすると僕の日当が増えるから」

と付け加えるのだからさすがである。

ご当地ソング

歌謡曲には、その土地にゆかりのある「ご当地ソング」なるものが数多く存在する。正確には「旅人がふらりと訪れたというような設定の歌」（「柳ヶ瀬《やながせ》ブルース」や「津軽海峡冬景色」など）こそが「ご当地ソング」らしいのだが、ここではもう少し広い意味でこの言葉を使わせてもらう。

仕事で各地に赴《おもむ》くチンドン屋にとって、この「ご当地ソング」のレパートリーは、現場でかな

りの威力を発揮する。別にその土地の古い民謡でも構《かま》わないのだが、ご当地ソングの方がウケがいい。地名とからめて恋愛、もしくは人生を歌ったそれらの歌を、自分の思い出に投影して愛唱する中高年が多いからではないだろうか。

日本で一番ご当地ソングを持っているのは、いわずもがな東京である。「東京」と名がつくだけでも「東京音頭」「東京ラプソディー」「東京行進曲」「東京の花売り娘」「東京ブギウギ」「東京キッド」「東京の灯《ひ》よいつまでも」「東京砂漠」など、枚挙《まいきょ》にいとまがない。これに「銀座」「新宿」「上野」などが加われば、もうCD大全集が作れるくらいの曲数になる。おまけに洒落《しゃれ》た歌が多い。「♪東京云々《うんぬん》」と歌うだけでお洒落に聞こえるから不思議であり、やっぱりみんなが憧《あこが》れる街なのだ。

大阪のご当地ソングは不思議だ。「大阪の人なら誰でも知っている歌」というものがある。特に、「大阪ラプソディー」と「道頓堀行進曲」の二曲は、大阪のチンドン屋なら演奏出来て当然の曲だ。しかし福岡のチンドン屋でこの二曲を口ずさめる者はあまりいない。大阪ならではの言葉が自然と溶《と》け込んでいる歌も多く、「浪花《なにわ》」「法善寺《ほうぜんじ》」「御堂筋《みどうすじ》」「ミナミ」などの地名とからんで、恋人や夫婦や師弟など、大阪ならではの人情味溢《あふ》れる歌がたくさんある。

ご当地ソングにかけては全国屈指《くっし》の町、それが長崎である。「長崎の鐘」「長崎物語」「長崎の

1997年の萩原町・チンドンコンクールにて。地元出身の舟木一夫のネタを仕込んだ（1997年5月）

女」「長崎のザボン売り」「長崎の夜はむらさき」「長崎は今日も雨だった」など、人口では負けないはずの福岡よりもはるかに歌が多い。極端にいえば、九州の有名なご当地ソングはほとんど長崎の歌に集約されてしまう。だからチンドン屋で長崎に行く時は選曲がしやすい。前出の曲もみんなが口ずさんでくれる。特に「長崎の鐘」は、原爆の犠牲となった長崎を歌う厳《おごそ》かで悲しい曲である。そんな歌を歌いついでいくのもチンドン屋として大事なことだと思う。

ところで、わがアダチ宣伝社の守備範囲は主に九州全域と山口。とりあえず長崎はレパートリーに困らない。北九州市ではもちろん「無法松の一生」。そしてこれを歌った村田英雄は佐賀県出身なので、この曲は佐賀でも使えるのがありがたい。問題は他の都市。福岡・熊本・鹿児島など、ご当地ソングはあるにはあるが、ホームラン級の当たり曲ではない。北島三郎「博多の女」「薩摩の女」、坂本冬美「火の国の女」、田端義夫《たばたよしお》「玄海ブルース」など、地元への浸透度《しんとう》が今ひとつか。

いわゆる港町ソングは、チンドン屋にとって都合がいい。全国どこの港町にも使える「港町十三番地」「港町ブルース」「港の見える丘」や「兄弟舟」「祝い船」「舟唄」など、ヒット曲が揃《そろ》っている。海辺や港の近い町でチンドン屋の仕事があると、これらの歌を中心に演奏することにしている。海にまつわる歌はロマンチックなものが多く、チンドン屋が演奏しても何かしらのムードが漂《ただよ》うから面白い。

では、ご当地ソングにあてはまらない土地に行ったらどうするか。てっとり早いのは地元出身歌手の曲。鹿児島は西郷輝彦に森進一、熊本は水前寺清子と八代亜紀と石川さゆり、長崎はクールファイブ、大分は麻丘めぐみとにしきのあきら、というふうに、それぞれのヒット曲を演奏すればよい。山口は山本譲二の出身地なのに、代表曲は「みちのくひとり旅」という変なパターンもあるが、地元でのウケはいい。

とにかく土地と歌をつなぐものを無理やり見つけるしかない。温泉があれば「湯の町エレジー」、城跡があれば「古城」、川があれば「川の流れのように」、学校があれば「学生時代」、ガードがあれば「ガード下の靴磨き」、交番があれば「若いおまわりさん」など。特産品に焼酎があれば「何々酒」などという歌を演奏してお茶を濁《にご》す。こうなるともう「ご当地ソング」でも何でもないのだが、とりあえずお客さんを喜ばせながら、新しい「ご当地ソング」の出現を切望する毎日なのだ。

チンドン屋は歌う

当たり前かもしれないが、チンドン屋はよく曲を知っている。歌も上手な人が多い。東京の喜楽家扇太朗《きらくやせんたろう》親方に、一度だけカラオケスナックに誘われたことがある。親方は業界でも無類のカラオケ好きとして知られている。若手にごちそうしながらいっしょに歌うこともあるらしい。親方は「瞼の母《まぶた》」など、セリフ入りの曲を好んで歌っていた。驚くことに、画面に出る歌詞なんてほとんど見ていない。しっかりと自分の曲として消化しているのだった。

同じく東京のみどりや進《すすむ》親方は、「チンドン屋の唄」という曲を作詞作曲して、最近自主制作CDまで発表した。もちろん自分で歌っているのだが、植木等《ひとし》を思わせる曲調や歌い回しなど、とても七十代とは思えないユーモアとバイタリティーに満ちあふれている。

若手の中でも、東京の「チンドン！　あづまや」は昭和五十年代B級歌謡、「北沢宣伝社」はラテン音楽、「東京チンドン倶楽部《くらぶ》」はマイナーなロックと、それぞれ、やたら詳しい。

わがアダチ宣伝社も、よく歌うチンドン屋である。イベントではチンドンを叩きながらマイクで歌っている。ラストは三橋《みはし》美智也《みちや》の「哀愁列車」。これは別れにぴったりの泣かせる名曲だ。チンドンコンクールでも、アダチ宣伝社は歌ネタがほとんどだ。毎回替え歌ばかり作っている。一応ロックバンドでヴォーカルだった僕や北村、芝居などで歌っていた阿部、初期メンバーでDJ活動が長い中村道生《みちお》など、みんな年齢の割には古い曲を知っていたし、既製の曲をまるで自分の持ち歌のように偉そうに披露《ひろう》する。最近うちに入った音大出身メンバーもよく歌う。

例えば酒屋の宣伝ステージではこうだ。

「♬ショウーチュウお湯割り～もっと飲めーます～」（暑中お見舞い申し上げます）

「♬ビール　ビール　誰かビールをくれないか～」（上海帰りのリル）

「♬飲んだ～飲んだ～ハッポーシュッポーハッポーシュッポー発泡酒」（きしゃポッポ）

「♬宴会一家だ～バーボンボン！」（天才バカボン）

「♬ウオッカで火照《ほて》るよ～赤い顔～」（悲しき口笛）

続いて、電器屋の宣伝。

「♬ヨヤクで録画する〜　エイセイホウソー　エイセイホウソー」（与作）

「♬あの娘をホットにしたくって　床に敷くのはカーペット」（自動車ショー歌《か》）

「♬センタクが終わって〜僕らはしぼった〜カンソウが終わって〜僕らはたたんだ〜」

（戦争を知らない子供達）

さらに、種苗《しゅびょう》店ではこうなる。

「♬蔦《つた》のからまるシャベルで〜」（学生時代）

「♬クマデは落ち葉も〜寄せるほど〜」（くちなしの花）

「♬タカエダバサミ買った〜タカエダ切るのに買った〜」（別れても好きな人）

「♬ひーりょー　肥料を蒔《ま》くとき　アーハーそれは今〜」（ヒーロー）

あまりにも下らない小ネタの連続であるが、これがアダチ宣伝社の特技でもある。実際、下らないネタほどお客のウケがいいのだから、それでいいのだ。

ここで目立てといわれても……

現場のない日

チンドン屋の現場はさまざまである。依頼の数は季節によっても変わるし、屋号によって中身も違う。以下は、アダチ宣伝社における月ごとの活動状況である。

一月　初売り・新年会の余興・成人の日。年始めは忙しいが、その後は割りと暇。

二月　催しがほとんどない。一年で一番暇な月。

三月　新入学セール・幼稚園や小学校のお楽しみ会。後半になるにつれて忙しい。

四月　桜祭り・富山市のコンクール・ゴールデンウィーク。忙しい。

五月　ゴールデンウィーク・一宮《いちのみや》市萩原町のコンクール。前半かなり忙しい。
六月　催しがほとんどない。結構暇な月。
七月　夜市・七夕イベント・夏祭り。後半の週末はとても忙しい。
八月　夏祭り・お盆のセール。お盆休みの週は多忙。
九月　敬老会・月見イベント。それ以外は暇。
十月　秋祭り・商店街やデパートのセール。相当忙しい。
十一月　秋祭り・学園祭・感謝祭いろいろ。一年でもっとも忙しい月。
十二月　クリスマスセール・歳末セール・忘年会の余興。ほとんどサンタの扮装《ふんそう》。

創業・新装開店の仕事は年間に分散しているのだが、アダチ宣伝社の場合はイベントものが多いからこうなる。東京ではパチンコ屋のレギュラー仕事もあるそうだし、忙しい時期はチンドン屋によっても違いがあるだろう。

では、これらの現場のない日のチンドン屋は何をしているのか。以下も、アダチ宣伝社における例である。

①　事務所で雑用……電話番・請求書の作成・楽器の手入れ・事務所や車の掃除などを交替でやる。また、仕事を増やすために不得手《ふえて》な営業活動もやっている。パンフレット

を作っての売り込みも必要だ。

② 技能に関連した仕事……バンドマンやタレント風の仕事。結婚式のトランペット吹き・レストランのアコーディオン弾《ひ》き・音楽教室の講師・地元ラジオ出演など。僕には、「福岡だからこそ成り立つ」地方タレント的な歌や作曲の仕事が少しだけある。

③ 全く別の仕事……チンドン屋だけで生活するのは大変だからと、最初から二足のわらじを履《は》く人もいる。安定した収入があるので精神的にも良い。平日に会社員をしていれば、ボーナスもあるだろうし。

④ アルバイト等……駆《か》け出しのうちはチンドン屋だけでは食べていけない。突然入るチンドン仕事に備えて、時間の自由が利《き》くアルバイトをする者も多い。

わがアダチ宣伝社の場合は一応有限会社なので、取締役である僕と社員が数名、それから③と④のメンバー、さらに学生アルバイト（主に吹奏楽部）がいて、総勢十五名ほどになる。

東京や大阪のかつての親方衆の中には、冬場だけ飴《あめ》売りや餅売りをしたり、日本舞踊の師匠をしたりして別収入を得ていた人もいたそうだ。

とりあえず、富山のチンドンコンクールに出場するような人間は「チンドン屋で食っている」わけだから、①にあてはまる者が多いだろう。みんな意外と地味な仕事をしているのである。

ここで目立てといわれても……

事務所の二階。百を超す楽器や小物が出番を待っている（2004年11月）

最近の僕も①の仕事がかなり多い。しかし素顔で事務所にいると、近所の人達から、「あら、今日はお休みですか」と、しょっちゅういわれる。扮装してチンドン太鼓を持ってないと「お休み」だと思われてしまうのが、チンドン屋という職業の悲しさだ。

町おこし

ここ数年、「市町村のお祭り」に呼ばれることが結構ある。各自治体や地域の商工会などが主催するお祭りで、春は「桜まつり」「花まつり」、夏は「夏まつり」「納涼《のうりょう》まつり」、秋は「産業祭」「収穫祭」など。

祭りの当日の仕事にはいくつかのパター

ンがある。
① 会場の近所を練《ね》り歩く「祭そのものの宣伝」
② 会場内を練り歩く「場内回遊」
③ ステージプログラムのひとつ「チンドン屋ショー」
④ 抽選会や餅まきを賑《にぎ》やかす「盛り上げ」
⑤ 農産物品評会の表彰式「ファンファーレ」
⑥ 会場そばの老健施設に行く「出張サービス」
「町民パレードへの参加」というのもあって、地元の中学生の吹奏楽部や婦人連の踊りに混ざって、商店街などを流して演奏をする。時には、パレード全体をチンドン屋が偉《えら》そうに先導して歩くこともある。初めての土地で道もよく知らないというのに、これは責任が重い。どこで折り返していいか分からず困ったこともある。長蛇《ちょうだ》の列を従えているのに全員で途方《とほう》に暮れた。

子供神輿《みこし》の先導というのもある。さらに責任が重い。というより、これはそもそも町内会の役員の仕事ではないか。歩調が合わなかったり元気が今ひとつだったりする子供達の士気を上げるために、僕らに大声を出してリードせよというのだ。正直こういうものは町の大人にちゃんとやってもらいたい。ほったらかしにもほどがある。神輿を担《かつ》ぐわが子をビデオカメラで撮影する

ここで目立てといわれても……

長崎県福江市にて。離島となるとさすがにフェリーでの船中泊である（1997年4月）

ことに夢中になっている親もいる。どんな町の祭りにも、それぞれしきたりや由来などがあるだろうし、何も知らないよそ者のチンドン屋が神輿の先導をして、子供達に「わっしょい」を強要している姿は間違っているのではないか。果たしてこの地区の神輿のかけ声は、「わっしょい」などという平凡なものでいいのだろうか。

しかし、「祭りを盛り上げるために呼ばれたプロ」であるはずの我々は、頭に浮かぶそんな疑問はすべて振り払い、ただただ無心に「わっしょい、わっしょい」と、半分泣きながら叫び続けていなければならない。

さて祭りが終了すると、たまに打ち上げ

に誘われることがある。

「良かったら打ち上げで飲んでいかんですか」

衣装や太鼓を車に積んで帰ろうとしているところに、もうすでにビールの二、三本は飲んでいるような赤ら顔の役員が話しかけてくる。多分、祭りの後半はお酒を飲みながら本部席にいるような気のいいおじさん達だ。こちらも疲れているし、車の運転があるからと、たいていはお断りするのだが、泊りがけで行く遠方の仕事の場合は、打ち上げに参加するのも仕事の一部と割りきっている。

「うちの祭りは他と違《ちご》うてユニークでっしょうが」

酒の席では、みなさんそうおっしゃる。近隣のどこそこ町の祭りより良かった、と悦《えっ》に入《い》ったご様子。

「すみません、たいていの祭りはどこも同じような内容です」

そう答えたいところをおさえて、地元の料理に舌鼓《づつみ》を打つ。祭りの話はさておき、こういうところの食べ物は格別においしい。お酒もおいしい。このひと時こそ、チンドン屋で良かったと本当に思う瞬間なのだった。

いつだったか、長崎県の離島のお祭りに呼ばれた時のこと。当然、打ち上げは新鮮な刺身だろ

うと思って楽しみにしていたら、商工会長いわく、

「今日は特別な打ち上げだから（いつも食べない）焼き鳥パーティーにしよう」

チンドン屋が家を売るには

企業が仕掛けるイベントにチンドン屋が呼ばれることがよくある。会場の内外を回ってイベントそのものの宣伝や商品の宣伝をするのだ。会場内のステージで演奏や芸などをやることもある。

当然だが、イベントはいずれも営利目的の催しなので、チンドン屋が雇われた以上は、依頼主の期待に応えなければならない。企業や商品のイメージアップと売り上げアップにも貢献《こうけん》しなければならない。そこでチンドン屋は、自分にある一定の責任を課して、プレッシャーを感じつつイベント仕事に臨《のぞ》む。チンドン屋の最低条件とはそういうものだと思っている。

さて、これが食品会社のイベントだったらチンドン屋も楽なもの。お菓子やジュースを新発売したとなれば、イベント会場でその商品サンプルを配るのが一番。食べ物の無料サンプル配布はお客さんの反応が非常にいい。会場を流していると、何度もおばちゃんから、

「どこで、何時から配るの」

「新しいお菓子もらおうと思って、朝から並びに来たのよ」


ここで目立てといわれても……

現場で子どもに配るおもちゃは100円ショップなどで定期的に仕入れておく（2004年11月）

と、話しかけられる。

まったく、タダの品物に並ぶあの長蛇の列というのは、終戦直後でも飽食《ほうしょく》の時代でも少しも変わらないようだ。いつでもどこでも列が出来て、サンプルはすぐに品切れになる。そして、その試供品の評判が良ければ、イベントの目的はほぼ達成されたことになる。

さらに、世界中の料理・日本中の駅弁・日本中の地ビールなどを一堂に集めたような大きなイベントなら、何かを配らなくても自然と人が集まってくる。デパートの「全国うまいもの市」など、いつも活気に満ちている。世間には食べ物にまったく興味のない人などあまりいないわけで、こういうイベントは老若男女を問わず大人気。チンドン屋としても「人を集めなければ」というプレッシャーがなくて楽なのだ。

ところが、宣伝する商品が非常に高価な場合や、そう頻繁《ひんぱん》には需要のないものを扱う企業のイベントの人集めは大変だ。雇われたチンドン屋も非常に緊張した面持《おもも》ちで現場に赴《おもむ》くことになる。例えば住宅展示場。一戸建て住宅を購入するなんて、庶民にとっては一生に一度、いや一生ないくらい稀《まれ》なことだ。中には、一生に五軒くらい家を買おうとするお大尽《だいじん》もいるだろうが、そんな人でも週に何回と住宅展示場に足を運ぶわけではない。そこで、展示場を大賑わいさせるための手段として、「住宅フェア」などというイベントが企画される。

綿《わた》菓子や金魚すくいのテントを設置して縁日《えんにち》コーナーを作ったり、フリーマーケットを開催したりする。これが基本形。加えてステージイベント。ヒーロー戦隊ショーなど子供向けのものが多い。子供を釣《つ》れば親もついて来る。その親の年齢がちょうどマイホーム購入を考える世代なのである。具体的に購入を検討していないパパやママでも、ついでにモデルハウスを覗《のぞ》けば「こんな家で暮らしたい」と思うだろう。連れている子供がそのモデルハウスではしゃいでいればなおさらである。

さて、こんなイベントにチンドン屋が呼ばれることがあるのだった。そこには、チンドン屋に対して最もウケのいい「お年寄り」はあまりいない。これから家を買おうという世代ではないし、会場もマイカーで行くような郊外が多いので足が向かないのだ。わがアダチ宣伝社にも、ゴーストタウンのように寂しいモデルハウス通りを流した辛《つら》い体験がある。

北九州市内の住宅展示場で。阿部は歌のお姉さん、コアラの着ぐるみでキーボードを弾いているのが僕（2003年９月）

車の試乗会でも同じような現象が起こる。イベントの内容は「住宅フェア」とあまり違わないから、やはりチンドン屋は会場内で苦境に立たされる。

わが社はこの状況を打破するために、その他の持ちネタ品目を逆に提案するということで面目《めんぼく》を保ってきた。チンドン屋形式を依頼されても、

「それでしたら、ピエロのバルーンショーやぬいぐるみ音楽ショーがおすすめですよ」

と話を振るようにしている。結果的にはそういうショーの方が会場は盛り上がるから、イベント的にはひとまず成功だろう。

しかし、そんな時もクマの着ぐるみ姿で

キーボードを弾いている僕の「クマの中の素顔」が、常にイライラした表情で会場全体をにらみつけていることなんて、誰も知らないだろう。

やはりまだ納得がいかない。宣伝で食っている者として、何とも悔しい。

いつの日か「住宅フェア」と「新車試乗会」を、「全国うまいもの市」並みに大賑わいさせて、雪辱《せつじょく》を果たしたいと思っている。

お色気は強敵だが社会派は反則だ

繁華街での仕事はチンドン屋に向いているのか。いつも街に人が溢《あふ》れているからビラもたくさん配れるし、人目について効果的な気がする。その面では田舎より有利なはずだ。しかしながら不利な点も多い。昔から「人を隠《かく》すには人の中」などというが、街には人が多い分、ちょっとやそっとじゃ目立たない。バンド時代に経験したことだが、東京の渋谷や新宿にライブのポスターを貼《は》ってもしょうがないのである。ガード下や空きビルの壁にはアマチュアバンドのチラシが無数に貼りまくられていて、歩行者もそんなもの気にもとめない。今流行《はや》りのストリートシンガーも数が多いと見向きもされない。

ましてや繁華街である。一般人の服装やメイクがチンドン屋顔負けに目立っていたりもする。ここで目立てといわれても……

こっちは楽器も持っているし大声も出しているから、辛《かろ》うじて何かの宣伝をしているということが分かるくらいか。昔に比べるとチンドン屋もやりにくくなった。さらに交通量が多いところ、店頭やアーケード内のＢＧＭがうるさいところなど、ナマ音《おと》勝負のチンドン屋は実にいじらしいのである。

わがアダチ宣伝社の本拠地・福岡市には、天神という九州一の繁華街がある。人は多いが、基本的にはみんな用事を抱えて歩いている。急いでいる人がほとんどの街だ。おまけに大通りと平行に長い地下街があるから、真夏や真冬や雨の日はみんな、チンドン屋がいる路上を通らなくなる。依頼主から大量のビラを渡されると、ごくたまにその期待を大きく裏切ってしまうことになる。ただ人によっては、うちのことを「ああ、あの天神で見かけるチンドン屋」なんていう人もいるくらいだから負けるわけにはいかない。天神の誰よりも目立たねば。しかしそれにはもうひとつ難関があって、天神にはいつもチンドン屋の天敵達がうようよしているのだ。

日曜日には女子中学生や女子高生がよく募金活動をしている。この時間帯がチンドン屋とぶつかる。ただ、向こうは奉仕活動。当然無給で善意。こっちは商売。当然お金のために働いている。イメージでいえば、向こうは「純真無垢《むく》」で、こっちは「垢《あか》まみれ」。募金活動の前に立ちはだかってチンドンを叩く姿は、当の彼女達には鬼のように映ることだろう。しかしここは容赦《ようしゃ》なく

ここで目立てといわれても……

事務所は福岡市内の名所・大濠公園のすぐそば。若手はいつもここで稽古に励んでいる（2004年12月）

宣伝をやらせてもらう。こっちは生活がかかっているのだ。例えば募金は雨で中止になっても、チンドン屋は何としても仕事を続けなければならない。その気があれば、彼女達もチンドン屋ごとき邪魔ものに負けず頑張れるはずだ。われわれチンドン屋は社会の厳しさをも彼女達に教えているのだ、と勝手に納得している。

次の大敵がスカウトマンである。といっても若い女性を標的にした怪しげなホスト風の男達のことだ。彼らは警察にもマークされているし、こっちが関わらなければトラブルは起きない。しかし以前、彼らのひとりがふざけてチンドン太鼓を横から手で叩いたことがあった。その時僕は他のチンドン屋の手伝い、つまり「出方《でかた》」という立場で現場にいたから一瞬とまどったが、意を決して注意した。幸いトラブルにはならなかったが、チンドンの屋号はよそのものである。正義を取るか、こらえて商売を取るか。

さて、運動会で使うようなメガホン型マイクを持って叫ぶ活動家は反則ではないだろうか。電気を使うのは彼らだけだし、チンドン屋もみんな「アンプラグド」でやっているのだからルールを守って欲しい。おまけに話している内容が「フンサイ」だの「ダトウ」だのと難解《なんかい》で誰にも伝わっていない。実はそんな彼らにこそチンドン屋を見習ってもらいたいとも思う。工夫《くふう》次第で「社会派」も街の人気者になれるはずだ。例えば、総理大臣の物マネで喋《しゃべ》る、風刺《ふうし》漫画を描く、「税金払うのは、シンコクな問題です、なんちゃって」などとつまらないギャグのひとつもいってみる。

最後に、注目度においてチンドン屋の一番の脅威《きょうい》となるもの。それは「お色気」をおいて他にない。その点ではキャンペーンガールは手ごわい。通行人の男どもは可愛い女の子が配るビラに弱い。どうして男はこんなに馬鹿なのだろう。ビラを受け取ったことをきっかけにして、キャンギャルと話をしたがるおじさんもいる。強敵であるが、ギャルに足を出されたくらいでチンドン屋が駆逐《くちく》されるわけにはいかない。気合いを入れてチンドンを叩いて強気で進めば、キャンペーンガールはみんなよけてくれる。しかしすれ違いざまに「お疲れ様です」などと笑顔でいわれると、こっちも顔がゆるんでしまうのは、チンドン屋の男も馬鹿だからか。

ここで目立てといわれても……

打倒！　戦隊ヒーローショー

個人商店が軒《のき》を連ねる、昔ながらの商店街。買い物かごを抱えた主婦が八百屋や魚屋に集まり、子供達は駄菓子屋に群《むら》がる。こういう町にはチンドン屋がよく似合う。それは古き良き「昭和の風景」でもある。たいていの人が抱くチンドン屋のイメージにも合う。

しかし、町の風景もすっかり様変わりして、店先や街角でチンドン屋が呼び込みをしそうな商店街はずいぶん少なくなってしまった。では、田舎のほうはどうだろう。現在、日本全国の田舎町に急増しているものが、巨大な「複合商業施設」というやつで、実はこれこそが、現代の商店街であり、チンドン屋の新たな漁場のひとつになっているのだった。

郊外でよく見かけるこの「複合型スーパー」。広大な敷地に一千台ほどの駐車場を備え、食料品・衣類・日用品はもちろん、大型書店、ゲームセンター、レストラン街などもあり、シネマコンプレックスと呼ばれる大きな映画館やスーパー銭湯《せんとう》まで併設していたりする。

家族連れにとっては、気軽に車で行けて一日過ごせる施設というのは、さぞかし便利なのだろ

風船でいろんな動物をつくるバルーンパフォーマンスも人気品目として確立。内山は「ピエロのメルシー」として登場（1999年７月）

う。そしてこういう施設は、家族連れが一日いても飽《あ》きないように「イベント」を頻《ひん》繁《ぱん》に開催する。毎週土日に必ずやっているところもあるほどだ。屋内の吹き抜けエリアにステージと客席を作り、いろんなことをやる。

定番の「戦隊ヒーローショー」など今でも子供に大人気。ショーの最中、

「さあ、みんなで〇〇レンジャーを応援してね！」

司会のお姉さんの指示で、会場を埋《う》めつくした子供達が一斉《いっせい》に、

「負けるなー！　頑張れー！」

と叫んでいる。他の客が通行できないくらいの賑わいだ。

ここで目立てといわれても……

「ビンゴゲーム大会」なんてものにも人が集まる。昔はボールに数字が書いてあったが、今ではほとんど電光掲示板に数字が表示されるタイプだ。配られたカードの中の数字が揃《そろ》えばプレゼントがもらえる。商品には折りたたみ式自転車などもあるから、驚くほど人が群がる。

「昔ながらの商店街」ではなく、この「吹き抜けの屋内モール」のイベントに、わがアダチ宣伝社はチンドン屋パレードも含めて毎週のように呼ばれている。三十分くらいのステージやパレードを一日二、三回やって、家族連れを喜ばせることが求められる賑やかし仕事だ。

洋風のパレードもやった。洋風の衣装と化粧に加えて、楽器はチンドン太鼓を外した編成で店内をパレードする。曲はアニメソングや童謡。トランペットとアコーディオンと小太鼓で練り歩く。やっている事は普段と大して変わらないのだが、遊園地のアトラクションの楽隊のようにも見えるから、チンドン太鼓を外した方がしっくりといく。子供達に手を振りながら陽気に振る舞うのがポイントだ。

次に、バンド編成で出来るもの。例えば、夏はハワイアン風バンドで、冬はクリスマス風バンド。この「何々風」というところがいかにも怪しげで、ハワイアンの時は全員アロハシャツにレイを掛け、

「アロハ！　次の曲は、ハワイの結婚式ではおなじみのナンバーです」

クリスマスツリーのお面も手作り。福岡市内の長住商店街で（1996年12月）

と、ハワイなんて行ったこともないのに演奏する。

クリスマスの時は全員サンタの格好をして、

「メリークリスマス！　次は賛美歌《さんびか》より……」

この時だけ信心深いふりをして、厳《おごそ》かに演奏する。

一応、曲目は誰でも知っているようなハワイアンソングやクリスマスソング。楽器はドラムやギターやキーボード。季節ごとの店内の飾りつけともマッチしている。

さらに、この「何々風バンド」の種類を増やしてみた。新入学シーズンには、学校教材で使う「鍵盤ハーモニカバンド」。ワインの解禁日のシーズンなら「ヨーロッパの酒場バンド」。各国の料理フェアの時は「世界音楽旅行バンド」。こじつけもいいところで、その道の演奏家が見たら叱《しか》られそうなものばかりである。お客さんの中に、本場の外人客やプロの演奏家がいないことを願いつつ演奏している。

トランペットと打楽器の女の子二人で、大工道具や台所用品を楽器にして「ガラクタ演奏」というのを考えたのだが、これはなかなか評判がいい。この演目のために僕は、ホームセンターへ行ってそこらじゅうにある売り物のフライパンや植木鉢を叩き、「ドレミファソラシド」の音階が鳴る大きさのものをひと揃え買ってきた。いぶかしげに眺《なが》める店員の視線を感じつつ、持参したチューニングメーターとにらめっこして音を調べること二時間。昨今のリサイクルブームにあやかってか、「地球にやさしい音楽会」と紹介されて親にも子供にも大人気だ。しかし、学生時代にトランペットやティンパニーを本式に練習してきた女の子達に、ホースやじょうごを吹かせたり、フライパンや植木鉢を叩かせたりして音を出す練習をさせたのは少し気の毒であった。

次に、ひとりで演奏をやるにしても、「弾き語り」ではちょっと寂しい。レストランやバーなら雰囲気もいいが、賑やかな場所には合わない。そこで「ワンマンバンド」が登場する。ひとりでドラムを背負ってギターを弾きながら歌い、ハーモニカも吹く。かなり忙しい上に、両手両足を使う全身運動。演奏が終わると、もうくたくただ。

しかし、どんなにくたくたで演奏しようが、これらの演目はどれも、戦隊ヒーローショーには勝てない。やっぱりテレビの力か。こうなったらチンドン屋がテレビの人気者になるしかないの

宮崎県都城市のイベント。ワンマンバンド「バンバンジョー」。
北村のピン仕事（2000年11月）

か。もしも戦隊ヒーローの五人組が、普段は世をしのぶ仮の姿でチンドン屋をやっている「チンドン戦隊センデンジャー」なんていうシリーズが放映されたら。それとも、トレンディドラマでキムタクあたりがチンドン屋の役でもやってくれないだろうか。

代理店の功罪

イベントの仕事はだいたい、「イベント代理店」から入ってくる。これは、自治体や遊園地から依頼されて、会場設営・プログラム構成・印刷物のデザイン・当日の進行・タレントの手配などをやる会社のことだ。全部の仕事を請け負《う》《お》う会社もあれば、そのうちのひとつを専門とする会社もある。

パチンコ屋や商店の場合はチンドン屋との直接取引だが、イベントでは、依頼主とチンドン屋の間にもうひとつ業者が入ることになるわけだ。このシステムにはたいへん良いところがある。代理店がマネージャーの役割を果たしてくれるため、仕事がとても楽になるのだ。

イベント会場に着くと、まずこういわれる。

「チンドン屋さんは、会場内のパレードを二回だけやることになっていますから」

これは楽ちんである。炎天下を一日中歩いて回る仕事もあるというのに、こんな楽をしてお金をもらっていいのだろうかと思う。

「先方に、クーラーのある控室とお昼ごはんを用意させてあります」

まるで芸能人扱いだ。「家から扮装して現場に行き、公園や空《あ》き地で休憩する」のがチンドン屋のスタイルだと聞いていた僕にとって、イベントの控室は楽園であり、代理業者は神様のようにも見えた。

このように、いいことずくめの代理店ではあるが、長くお付き合いできる会社ばかりではない。お金のやりとりも「代理」されてしまうからトラブルもある。通常なら依頼主から直接もらえるはずのお金が、いったん代理店の手元に行き、それからチンドン屋に入る。それぞれの決算日の関係で、お金がチンドン屋に入るのはだいたい二ヶ月後になる。

もちろん、約束の期日に支払いがあれば問題ない。しかし、こんなことがあった。

請求書を出して三ヶ月経《た》っても支払いがないので、代理店に電話をかけた。

「手違いだったらすみません。まだ振り込みがないんですが……」

「ああ。あれはまだ依頼主さんからの支払いがなくて、うちも困ってるんですよ。もうちょっと待って下さいね」

一ヶ月待った後、再び電話をした。電話はつながるが相手は出ない。仕方ないので、依頼主に直接電話してみた。

「あの、あの時のチンドン屋ですけど、まだ代理店へのお金、払っておられないそうですね」

「えっ。お金は当日にお支払いしていますよ。何でも『チンドン屋がお金が欲しいってうるさいから』って……」

後日、夜討《よう》ち朝駆けの取り立てを行い、代理店を叱りつけてお金は無事回収した。しかし、実はこの業者以外にも何度か同様の手口にあって、回収できなかったケースもある。内容証明付きで請求書を送ったり、簡易裁判所で請求手続きを取ったりもした。しかし、悪徳業者はこういうことにもすっかり慣れていて、ちょっとやそっとじゃ動じないのだ。

また、当日になって値切ってきた業者もあった。十万円で約束していたのに、仕事が終わって

から近づいてきて、

「悪いけど、今七万円しかないからこれでお願いします」

といって、封筒を渡してさっさと帰ってしまった。後日抗議の電話をしたが、

「ちゃんとお金は払ったでしょうが！」

と逆に怒り出す始末。このオッサンとは二度と付き合わないと決めた。

どこの業界にも、良い会社と悪い会社があるのだ。チンドン屋にとっては、こういううさん臭《くさ》い業者を最初に見極めることも大切である。もっとも、チンドン屋だってかなり怪しいイメージで見られているのかもしれないが。

芸人さん

ここで目立てといわれても……

地方自治体や商工会が主催するお祭りの風景というのは、たいていどこも同じだ。普段は公園や運動場や駐車場として使われている敷地の中に、とりあえずメインステージを設営する。ステージの前を客席として広く取り、それを物産品などの販売テントが取り囲む。車での来場者のために、会場の外れに臨時駐車場を作る。これが基本形であり、お祭りのプログラムはこの中で進行される。

さて、ステージの形にもいくつかのパターンがある。

① 公園に最初から野外ステージがあり、それをそのまま利用する。

② 会場に体育館があり、そのステージを利用する。

③ 業者に依頼し、やぐらを組んでステージを作る。

④ 大型トラックの荷台をステージとして使う。

⑤ 神社の本殿をステージに使う。

⑥ 芝居で使うような高さ二十センチくらいの平台をステージ用に持ってくる。

⑦ ステージがなく、地べたを囲んでステージと考える。

これ以外に実際にやらされた例として、「河原の土手をステージにする」「体育館入口の階段をステージにする」「歩道と車道の段差をステージと考える」などがあるが、これも⑦と同じケースだろう。

われわれチンドン屋がステージに出る時、前後のプログラムはたいてい次のものだ。

地元の日本舞踊教室

地元の中学校の吹奏楽部

地元商工会提供の抽選会

餅まき

どれもプロのステージではないが、何といっても地元の主役だ。一番大切にしなければならない出し物である。これと違い、われわれの業界で顔なじみ同士なのが、雇われてステージに立つプロの芸人である。

マジシャン

ピエロ

ジャグラー

演歌歌手

このうちマジシャンは最も数が少ないため、何度かお祭りに出ていると同じマジシャンによく出会う。

次にピエロやジャグラーは、路上でも出来るパフォーマーなので、一番チンドン屋と相性《あいしょう》がいいのかもしれない。いろんなイベントで会うし、チンドン屋をやっている者には、たいてい仲のいいピエロやジャグラーがいるのだ。僕の場合は同じ福岡のブンブンさん、米《よね》ちゃんというジャグラーと親しい。わがアダチ宣伝社メンバーのように、「土曜はチンドン屋、日曜はピエロ」なんていう兼業芸人もいる。うちでピエロをやっている田中は、農産物を売る婦人会のおばさん

ここで目立てといわれても……

から、

「あんた去年チンドン屋で来た人だよね」

と問い詰められて困っていた。

演歌歌手、といってもお祭りに出演する人は地元在住である場合が多い。自分の持ち歌以外の有名演歌をレパートリーにしている歌手がほとんどだ。「孫」が流行《はや》った年にはみんな「孫」を歌っていたし、「箱根八里の半次郎」大ヒットの年は揃って「♪やだねったら〜」とやっていた。ただし、歌唱力があるので、こういう人達と共演する際には、われわれは歌わないようにしている。比較されてはたまらない。

最近は各地に芸能スクールがあるためか、地方出身の若手ポップス歌手も増えてきた。ただし、お年寄りや子供ばっかりの客層にはあまりマッチしていない。七十歳以上の観客を前にして、「モーニング娘」を歌い踊る女の子達の光景はシュールである。

他の芸人と比べたとき、チンドン屋の一番の利点は歩けることだ。お祭り会場の内外を使って、その場その場をステージに出来る。自分達に合った場所を探しながら演奏することもある。だからこそ、お祭りに来ている人達を隅《すみ》から隅まで、もれなく楽しませなければならないのだ。

チンドン屋の機動力を見よ

つくづく「チンドン屋」とはよく考えられた仕事だと思う。まず、街頭宣伝における働きぶりを考えてみよう。

その機動力や柔軟性には驚くべきものがある。今風にいえば「フレキシブル」、昔風にいえば「何でも屋」であるが、宣伝という目的のみに限ってもいろんな要素を取り入れている。思いつくだけでも、口上・扮装・演奏・練り歩き・背《せ》看板・ビラ配布と、とりあえずこの六つの仕事を同時にこなす。加えて、観客を集めて踊りや芝居・チャンバラ・南京玉すだれなど、よくもまあこれだけ派手に目立とうと思ったものである。

だから依頼する側としても、その辺の特長を存分に生かして使っていただければお金の払い甲《が》斐《い》もあるのではないだろうか。

次に、わがアダチ宣伝社に依頼の多い、お祭りやイベントにおける働きはどうだろう。大道芸人といわれる者は、他のタレントさん達に比べると次のような利点がある。

①　ステージを設営しなくて良い。
②　とりあえず見物客が集まる。
③　マイクがいらない。

ここで目立てといわれても……

④　司会者による紹介がいらない。
⑤　準備や片付けも自分達でやる。
つまり、金と人手がかからないのだ。予算が限られているイベントで、これだけありがたい芸人はいないではないか。

これに加えてチンドン屋には、
⑥　歩き回って客を会場に案内する。
⑦　他のプログラムあるいはイベント全体の宣伝もする。
という、普通ならスタッフや裏方がやるような仕事もこなせるのである。

さらに客層によっても柔軟に対応する。見ている人の年齢に応じて曲目を変える。だからチンドン屋は、前もって曲を決めていくことはあまりない。それゆえに、膨大《ぼうだい》な曲のレパートリーが必要なのだ。もちろん、人を見ただけで音楽の趣味を当てるのは至難《しなん》の技だが、それぞれの世代にそれぞれの青春歌謡があり、口ずさんだ歌があるのは確かなのだから、そこはプロとしての勘《かん》で曲を決めるしかない。

例えば、七十歳のおばあさんと七十五歳のおばあさんでは思い出の曲もちょっと違うだろうとか、五歳でも男の子と女の子では好きなテレビアニメの曲が違うだろうとか、そういうことも考えながら選曲する。

基本の楽器が、チンドン太鼓・ゴロス太鼓・管楽器の三つというのも、考えられた編成だ。メロディー楽器が複数いると、曲のキー合わせが大変だ。事前に相談しておかないといけない。しかしこの編成なら、管楽器担当がメロディーを吹き出して、それに他の二人がリズムを合わせさえすれば、どんなキーでも曲が形になるのだ。

ここで目立てといわれても……

衣装もまた応用力に富んでいる。時代劇とピエロのどちらの扮装もやる大道芸人はあまりいない。何の宣伝かによって、それに合った衣装を考えることが出来る。チンドン屋は公園などで休憩している時も、背中を向けて座る。いつでも背看板が人から見えるようにしているのだ。

チンドン屋は芸能人ではないから、間違ってもサインを求められることはない。ただし、写真はよく撮られる。とにかく撮影されては、カメラ雑誌のフォトコンテストなどに被写体として登場する。それがまた、当のチンドン屋自身がほれぼれするほどで、「明るく振る舞うチンドン屋」「お化粧中のチンドン屋」「休憩中のチンドン屋」「打ち合わせ中のチンドン屋」など、いろんな演出にもってこいの行動をしているらしいのだ。われわれは素晴らしいモデルでもある。

ところで、「チンドン屋は宣伝業なのか芸人なのか」などと依頼主に聞かれると、どちらも中途半端にしか出来ていない自分の情けなさもあって、返答に窮《きゅう》してしまう。誰かが「かりそめの祭りに出会うチンドン屋」と面白い句を詠《よ》んでいたが、その何とも定義しようのないところがチンドン屋らしさなのだろう。

フランスの「フェト・ド・ラ・ムジーク」にて

フランスの国中いたるところで音楽が鳴り響く夜、それが「フェト・ド・ラ・ムジーク」（fete de la musique＝音楽祭）。毎年夏至の日（六月二十日頃）に、夏の到来を喜ぶ意味をこめて一晩中楽器を弾いたり歌ったりする、文字通りの音楽祭である。コンサートホールや教会で行われるプロミュージシャンのライブから、メトロ（地下鉄）の改札口そばのストリートミュージシャンの演奏まで、この日はどこへ行っても音楽に出会える。

僕はこの話を、福岡在住のアコーディオン奏者・国友孝治《くにともこうじ》さんに教えてもらった。彼も過去の音楽祭では、パリの小さな教会で演奏したことがあるらしい。

「チンドン屋で行ったら盛り上がると思います。是非やって下さいよ」

おだてられて調子にのった僕は、さっそくわが社のメンバーに提案した。そして平成八年（一九九六年）六月、楽器と衣装を抱えて日本からフランスへと旅立ったのだった。もちろん、交通費や宿泊費は手出しである。福岡発ソウル経由パリ行きの大韓航空五泊六日二つ星ホテル付、ひ

ここで目立てといわれても……

パリにて。看板はフランス語によるチンドン屋の解説（1999年６月）

とりあたり十三万円くらいだったと思う。これが一番安いツアーだったから、何とかお金を工面《くめん》した。

初めて行ったパリでは、たくさんのストリートミュージシャンに出会った。いろんな駅の通路で演奏している、アコーディオン・フルート・バイオリン・チェロ・サックス・バンジョーなど、メトロ（地下鉄）を利用すれば一日でいろんな音色《ねいろ》が楽しめる。走っている車両の中で演奏する人もいるほどだ。もっともこれは八年前の話で、最近ではこういうパフォーマンスは許可を取った人しかやってはいけないらしい。

とりあえず例にならってチンドン開始。乗り換えの多い「シャトレ・レアル」の通路で古賀メロディー数曲。移動のメトロ車中では小唄《こうた》に端唄《はうた》。それからパフォーマーが集まる「ポンピドゥー・センター」前でも民謡などをやり、おまけに南京玉すだれも披露《ひろう》した。派手な着物姿なので、他のパフォーマーより目立つ。この衣装は反則技だが、とにかく観客が集まった。警官にも注意された。フランス語はよく分からなかったが、たぶんこういうお達しだ。

「うるさいし、人が集まりすぎて邪魔だ。ここでやってはいけません。そのギターだけなら許しましょう」

ギターとは、僕が弾いていた三味線のこと。仕方がないので、他の楽器を一時的に撤収《てっしゅう》し、僕は三味線でデタラメな小唄をうなり始めた。しばらく警官はその場でにらんでいたが、そのうちどこかへ行ってしまった。

写真撮影もたくさん頼まれた。なぜか日本人観光客からの依頼も多く、投げ銭《なせん》もいっぱいもらった。当日はその後、メンバーといっしょに夜のパリに繰り出し、投げ銭は、ワインとムール貝になって胃の中へ消えてしまった。

こうしてアダチ宣伝社の「勝手にパリ公演」は終了した。もちろん、観光や買い物も楽しんだ。大道芸人御用達《ごようたし》のお店で、へんてこな帽子やジャグリングボールも買った。モントレイユの蚤《のみ》の市《いち》でも、仕事で使えそうな安い帽子を仕入れた。

ここで目立てといわれても……

これに味をしめたわがアダチ宣伝社は、その後平成九年と十一年の六月にもフランスへ行って演奏したのだった。さらに平成十三年（二〇〇一年）には女性メンバーだけでフランスとオランダに出かけて、地元のライブパブなどでも演奏した。パリのバスチーユ周辺がストリートミュージックで賑わうことも分かった。よほど海外での演奏が楽しかったのだろう。社内では「毎年フェト・ド・ラ・ムジークへ行こう」という声が上がっている。もちろんこれは他ならぬ女性メンバー達からの要望だが。

第五幕　全国ちんどん博覧会

チンドン屋のチンドン屋によるチンドン屋のための祭

割れんばかりの拍手。そしてラストに何人のお客さんと握手を交《か》わしただろうか。

「チンドン屋がこんなに楽しかったなんてねえ」

「元気が出たよ。頑張ってね」

「また来年もやってよ」

口々にそういいつつ、会場を埋《う》めつくしたお客さんは誰も帰ろうとしないのだ。それは僕が全く予想もしない大きな反響だった。

平成十二年（二〇〇〇年）八月十九日、東京・上野水上音楽堂。チンドン屋に賭《か》ける五十人もの若者達は、会場いっぱいのお客さんを相手に一日中熱演を繰《く》り広げた。二十一世紀まであと四ヶ月というこの時期に、昭和の古めかしいイメージ、いや、イメージどころか知らない人の方が多いであろう職業「チンドン屋」は、不思議なエネルギーを携《たずさ》えて結束し、このイベントを自主的に開催したのだ。

「全国ちんどん博覧会」。そう命名されたこの興行には、文字通り東京・大阪・福岡など全国から若手のチンドン屋達が参加していた。会場内に、古くからの写真展示・太鼓や衣装の展示・チンドン屋体験コーナー・屋台などが並ぶ中、ステージでは、全員合奏・地域別合奏・ベテラン親方ショー・クイズ・ゲストミュージシャンのライブなどが次々に行われる。会場を訪れた人は延べ五千人、チンドン屋を懐かしむお年寄りからチンドン屋に新しい魅力を感じる若者まで、いろんな人がこの一日を楽しんだだろう。

チンドン屋を自分の稼業と決めてから七年目、三十六歳の夏である。

それまで全国のチンドン屋さんとは、富山市で毎年四月に行われる「全日本チンドンコンクール」というお祭りで面識はあった。全国のチンドン屋がその腕を競うという一風変わったイベントで、昭和三十年（一九五五年）から続いている歴史あるお祭りでもある。

「チンドン屋が作る、チンドン屋のためのイベントをやろうと思うんですが、アダチさん達も参加しませんか」

ある若手チンドン屋仲間に誘われたのが平成十二年、この全国ちんどん博覧会の四ヶ月前、春のチンドンコンクールの時だった。前の晩、宿泊先の旅館にチンドン屋の面々が集まって参加の打ち合わせをしたのだが、僕はこの時の集会には出席していなかった。楽器や衣装を積んで福岡から富山に向かう車中だったため、わが社の阿部に、

「代わりに話を聞いといて」

と、頼んでおいたのだ。打ち合わせなら日時や出演時間の確認さえしておけば、代理でもいいだろうと気楽に考えていたせいもある。

「何だか大変な計画みたいですよ。みんな真剣に議論してたし、親方が話を聞いた方がよかったんじゃないですか」

道具の運搬が終わった後、代理の阿部はそういって数枚の「企画案」のような紙を僕に手渡した。そこには、この新しいイベントへの具体的なアイデアと、「業界の活性化」「ベテラン親方の諸芸の伝承」「若い経営者へチンドン屋の提案」などといった趣旨がびっしりと書き込まれていた。僕は、自分を恥じるとともに、みんなのチンドン屋に対する熱意にショックを受けたのであ

る。

計画の大きさに冷《ひ》や汗

かくして、全国の若手チンドン屋は「全国ちんどん博覧会」に向けて動き始めた。特に東京在住のチンドン屋の面々は、当初から業界初のこの興行にただならぬ情熱を注いでいた。これも後になって冷《ひ》や汗をかいたのだが、福岡在住の僕は、この時点でもまだ「全国ちんどん博覧会」の大変さを把握《はあく》できてなかった。

「では、本番前日にアダチ宣伝社から三人入ります」

十人いるうちのメンバーからたった三人、しかも出演だけしてそそくさと帰るつもりでいたのだ。この規模のイベントを運営していくのに、スタッフもキャストもみんな自分達だけでやらなければならないというのに。

日本で一番チンドン屋の多い都市が東京であるのは確かなことだが、それでも二十～三十代の若手チンドン屋は二十人くらいしかいない。日々の仕事もあるから、かかりっきりで準備ができるわけでもない。それなのに、ステージ企画の決定・音響や照明の打ち合わせ・会場設営・ポスターやチラシ作成と配布・新聞や放送関係への宣伝・出演者交渉・展示写真の収集と印刷・パンフレット制作・スポンサーへの営業などなど、やらなければいけない作業はいくらでもあるのだ。

「東京のイベントだから、福岡でスポンサーは取れないでしょう」

これでは、まるで他人事《ごと》のような関わり方である。これで実行委員に名を連ねていたとは、いかに第一回目で要領を得ないとはいえ、今さらながら自分自身に腹が立つ。

「九州のチンドン屋だけのステージが二回あるらしい」

そう聞いて、現実に出かけた九州のチンドン屋総勢五人。全然分かってなかった。東京のチンドン屋だって出演者だから、出し物の練習もしなければならないのだ。出演者全員が裏方の仕事を兼任して働きすぎ、肝心《かんじん》の演技がボロボロになる、というのは小さなアマチュア劇団ではままあることだが、チンドン屋で食っているわれわれがそんなことになっては業界全体の恥にもなりかねない。

そんな僕自身の体《てい》たらくもあったものの、何とか実現した東京・上野水上音楽堂での「第一回全国ちんどん博覧会」。結果的には大盛況で、満員のお客さんに加えて、テレビや新聞にもたくさん取り上げられた。事故やトラブルもなく、まずは成功だった。

ところで、このイベントに参加した若手チンドン屋をまとめると次のようになる。

「東京チンドン倶楽部《くらぶ》」の高田洋介氏は博覧会の実行委員長。イベントの提案者でもある。「月

東京・上野水上音楽堂での第一回全国ちんどん博覧会（2000年８月）

島宣伝社」の堀田博喜《ほったひろき》氏は副実行委員長。この屋号の代表は若手女親方の堀田祐子さん。他に屋号を持つチンドン屋として、「チンドン！　あづまや」「ちんどん吉野」「北沢宣伝社」「ちんどんワカメ」など。フリーのチンドン屋または楽士として、浅野美加・西内《にしうち》徹《てつ》・中尾勘二・佐藤俊憲《としのり》その他各氏。もちろん、これ以外にも多数の協力者がいた。

　そして大阪から強力にサポートするのが、社長以下二十名の実力派軍団「ちんどん通信社」と「華乃家《はなのや》」の面々。福岡からは「平成ちんどん本舗《ほんぽ》」と、わが「アダチ宣伝社」。

　都合で参加できなかったチンドン屋もあるが、富山市の「全日本チンドンコンクール」に出場する若手チンドン屋のほとんどが、この「全国ちんどん博覧会」に参加したことになった。

今までは富山のコンクールで共演しても、あいさつを交わす程度だったチンドン屋同士が、着実に結束し始めている。例えが大きくて申し訳ないが、何だが「水滸伝《すいこでん》」や「真田《さなだ》十勇士」を見ているようで、本番当日はチンドン屋である僕自身までがわくわくしていた。みんなが扮装《ふんそう》しているから、余計《よけい》にドラマチックな気分をかきたてられるのだろうか。

大盛況のうちに終了した第一回。そして、感傷にひたる間もなく、「全国ちんどん博覧会」は第二回の開催に向けて動き始めていたのだった。

舞台は大阪へ

若手チンドン屋は東京と大阪と福岡と長崎にしかいない。チンドン屋がいない町が開催地になるなどというのは、博覧会の準備のことを考えれば、現実には無理である。そこで次の開催地は東京以外の三つのうちのひとつだが、まず順当にいって大阪だった。大阪には、日本一大きなチンドン屋「ちんどん通信社」がある。次の実行委員長が「ちんどん通信社」代表の林幸治郎《こうじろう》氏になるのも間違いない。

「何だ、林さんにまかせておけば安心ではないか」

というわけで、かなりの無責任でもって僕は、次の「全国ちんどん博覧会」の段取りが整うのを待っていたのだった。

「第二回全国ちんどん博覧会」は、平成十三年（二〇〇一年）八月二十九日から三十一日までの三日間、大阪市の大阪天満宮で開催されることになった。さらに九月一日には、市内の別のライブホールで「ちんどんスーパーライブ」なるイベントも行われる。何と都合四日間、一回目よりもはるかに大規模なイベントであることが分かった時、わがアダチ宣伝社にも緊張が走った。

「そうか……。林さんが最もチンドンに熱い人だということを忘れていた」

僕は気を引き締《し》めて、本番の二日前から大阪入りした。今回うちのメンバーは七人で臨《のぞ》み、微《び》力《りょく》ながらも会場設営や当日の進行を手伝った。

天満宮の敷地をフルに活用し、夕方から夜にかけて行われた博覧会は、昭和の縁日《えんにち》のエッセンスがぎっしりと詰まっていた。特設のやぐらステージを含め合計六つのステージで休みなく進行するチンドン屋とゲストパフォーマー達の演技。どこへ行っても、何をやっても人気者だ。たとえ会場の隅《すみ》っこでも、ちょっと太鼓を鳴らしただけで周囲に人垣《ひとがき》が出来る。カメラのフラッシュもひっきりなしだ。

屋台や出店も場内にぎっしり並んでいて、二、三メートル先へ進むのもままならない。

大阪天満宮の第二回全国ちんどん博覧会。大勢の観客に囲まれながら場内回遊（2001年 8 月）

「親方――っ！」

「次のステージは何時からどこであるの⁉」

「さっきのステージは時間が遅れていて何もできなかったよ！」

うちの女性メンバーの叫び声が飛び交う。彼女達は、これから自分がどこで何をしなければいけないのかさえ把握出来ていなかった。

夜八時過ぎのフィナーレでは、「美しき天然」のチンドン大合奏をバックに、やぐら前で綱《つな》渡り芸人の妙技。この時間になるとお客さんは、全く身動きがとれないくらいの大入りだった。そんな光景を見ながら、一段高いやぐらの上で演奏している僕は、まるで映画のクライマックスに出演しているような気分になって興奮していた。

結局、大阪の博覧会に集まったお客さんは実に延べ三万人。ものすごいイベントになったものである。

いよいよ次は「第三回全国ちんどん博覧会」、開催地は福岡になった。そしてこれも予想していたことだが、実行委員長は僕がやることになってしまった。本来なら、もっとチンドン屋としての経験と実力のある人にふさわしい役回りなのだが、あろうことか九州からの参加者で、一番キャリアが長いのは僕なのだった。チンドン屋になって十年にも満たないというのに。

「逃げるわけにはいかないけど、今までのノウハウも少しはあるから大丈夫」

しかし、そこまで覚悟して臨《のぞ》んだ福岡大会は当日、ある予測もしなかったトラブルにおそわれることになるのだ。

台風直撃

「第三回全国ちんどん博覧会」は、平成十四年（二〇〇二年）八月三十日と三十一日の二日間、太宰府《だざいふ》天満宮で開かれることになった。

今回は僕が実行委員長である。しかし、わがアダチ宣伝社のスタッフの中で、このイベントの準備にかかりっきりになれるメンバーは僕を含めて五人くらいだった。もちろん、他のチンドン屋も手伝ってはくれるだろうが、前回まで僕が手伝った仕事の分量を考えると、そんなに甘えるわけにもいかなかった。

僕はメンバーに対して、準備段階での大きな仕事を四つに振り分けた。

①　宣伝告知――新聞社や放送局への情報提供・その他の宣伝。

②　スポンサー探し――販売用パンフレットや、配布用うちわなどの広告主を見つける。

③　企画の準備――当日のステージ構成・出演者との交渉・会場設営のプランなど。

④　パンフレットとＤＭ（ダイレクト・メール）ハガキの制作・写真収集・執筆・構成・デザインなど。

もちろんこれ以外にも、会計など大事な仕事はたくさんある。しかも人手が少ないだけに、このような作業は先手先手でいかないと間に合わない。

大阪での博覧会が終わった直後からプロジェクトが動き出していたせいか、準備はほとんど滞《とどこお》らずに進んだ。地元のテレビやラジオや新聞は、こぞって「全国ちんどん博覧会」を大きく取り上げてくれた。

「『ちんどん博』太宰府で」

「ちんどん屋の祭典を見逃すなッ！」

「今年のテーマは『鳴りもの入りで景気回復』だ！」

などと書き立てられると、こっちも気合が入ってきた。

パンフレットに至っては、予定枠数を大幅に超える広告が集まった。太宰府天満宮の参道《さんどう》商店会が全面的に協力してくれたのも大きかった。僕も、行きつけの居酒屋などを回って広告を取りまくった。友人のバーでは、酒に酔った勢いで一晩に十四件、店にいたお客全ての広告を取ったこともあった。ちょっと強引だったかもしれない。

太宰府天満宮の第三回ちんどん博覧会。一瞬の晴れ間に、路上で鍛えた一輪車パフォーマンスを披露（2002年８月）

博覧会の準備は何もかも順調に見えた。後はお客さんを待つだけだ。しかし、青天《せいてん》の霹靂《へきれき》とはこのことである。福岡にはここ何年も上陸していないような大型の台風が、まるでこの博覧会の見物に来るかのごとく接近してきたのだった。

「アダチさん、どうします？　明日は確実に台風ですよ」

博覧会前日、会場設営半《なか》ばで僕は決断を迫《せま》られた。組んでしまった屋外ステージ、その周囲に吊《つ》ってある百個以上の「ちんどん博覧会」の提灯《ちょうちん》、出店《しゅってん》を頼んでいた飲食店のテントなど、明日が強風ならば吹き飛んでしまう。けが人を出すわけにはいかない。

そして作業中の関係者一同が集まる中、苦渋《くじゅう》の決断を迫られたのだった。

「仕方ない。外しましょう」

せっかく準備したものを全部片付けてしまったが、僕はまだ諦《あきら》めたわけではなかった。天気予報では降水確率百パーセント。それでも、

「明日になったら台風のコースが変わっているかも。い、いや、それるに決まってる」

と信じて、天満宮内の宿泊所で眠れないまま床についた。

翌朝は予報通り、台風直撃。そして、あろうことか二日目になっても雨は降りやまなかった。野外ステージは全て中止、それでも雨の中でパレードだけは強行。飲食テントもほぼ欠席だった。ステージイベントの一部は急きょ、天満宮の屋内ホールに場所を移して行われたが、何もかもがドタバタに終始した内容となってしまった。

僕はこの二日間の出来事をあまり覚えていない。平静を装《よそお》ってはいたものの、頭の中は真っ白になっていたのだろう、場内を走り回って気がつけば、二日とも食事すらとっていなかったのだった。

それでも会場には、たくさんの人が足を運んでくれた。延べ一万五千人である。参加したチンドン屋や親方衆やゲストパフォーマーも、精一杯の演技をしてくれた。またたくさんのお客さん

からも励ましを受けた。

「こんな天気だからこそ、逆に参加者の結束が強まるってもんだよ」

「台風の中のチンドン屋っていうのもなかなか見られないんだから」

ありがたい言葉だった。でも、僕の想像していた「全国ちんどん博覧会」は、こんなものではなかった。昨年の大阪で体験した、野外ステージでの感動のフィナーレ。夜空に浮かぶ幻想的な提灯の光。思い描く光景は何ひとつ実現できなかったではないか。

そして、一夜明けた九月一日の朝は台風一過《いっか》、嫌味《いやみ》なくらいの青空だった。残暑の太陽が照りつける中で会場の後片付けをする僕は、悔しくて涙が出そうだったのだ。

山のような支払い

落ち込んでばかりはいられない。太宰府での博覧会終了後も、僕には仕事がたくさん残っていた。もっとも僕を悩ませたのは、会計の仕事である。

博覧会は入場無料だったため、興行収入はゼロ。パンフレットの売り上げはあるが、これも台風のため思うようには売れなかった。でも、支払いは山ほどあった。

パンフレットやＤＭはがきの印刷代、当日二日間の全員の弁当代、宿泊所の布団レンタル代、親方衆やゲスト陣の交通費とホテル宿泊費、電気配線工事費、外注スタッフの人件費など、山のような請求書が僕に回ってくる。

かたや入金に関しては、メインスポンサーである太宰府天満宮からの支払いが代理店を通じて振り込まれることになっていたのだが、これの約束期日は翌々月十日になっていた。二ヶ月もの立て替えが必要だということである。非常に苦しかったが、この期間は何とか耐えしのぐことが出来た。

僕は心身ともに疲れ果ててしまった。それでも、気持ちのどこかで、

「いつかまた、思い描いていた博覧会を実現させよう」

と、再挑戦を決意していた。「全国ちんどん博覧会」はこれで終わりではない。ちんどん屋の未来のためにも、そしてお客さんのためにも、まだまだ続けていかなければならないのだ、と。

だが、次の「全国ちんどん博覧会」開催については、まだ何も決まっていなかった。東京・大阪・福岡と一巡して安心したのか、それとも力尽きたのか、実行委員の誰もこれからのことに触れないまま時は過ぎていった。僕もまた、気にしてはいるものの自分からは何もいい出せないでいた。

ところが年も暮れようとしていた頃、チンドン屋全員に号令がかかった。大阪のちんどん通信

社の林さんからである。

「今後のことについて会議をしたいと思います」

年明けて、平成十五年（二〇〇三年）一月二十三日。東京に主要な実行委員二十余名が集まった。僕も福岡から出かけていった。そしてこの席でようやく、

「次の博覧会は東京・浅草にて開催。メインは東京の親方衆の名人芸」

ということが決定した。

今度はベテラン親方が主役である。これは僕らとしても楽しみだ。何より勉強になる。今までの博覧会は演じることに必死だったが、こうなれば観客として見る側にも回りたくなる。

こうして、「第四回全国ちんどん博覧会」は、その年の八月二十六日からの三日間、浅草の木馬《もくば》亭という演芸場で行なわれた。定員は百名くらいだが、常に演芸やお芝居が行われている会場だけあって、さすがに演じやすいホールである。これが初の屋内会場、初の有料イベントとなった。

今度の主役は江戸のベテラン親方達
第四回全国ちんどん博覧会では「東京ちんどんの大いなる伝統」と題して、この道五十年以上

という東京のベテラン親方達に名人芸の数々を披露《ひろう》してもらった。

菊乃家〆丸《きくのやしめまる》親方。大正六年（一九一七年）生まれの現役最長老、八十七歳である。実にチンドンひとすじ七十年以上。長年の経験で蓄積《ちくせき》されたしゃべりの引き出しがどれくらいあるのかと思うくらい、その口上《こうじょう》芸は見事なものだ。

若手に対しても偉そうに振る舞わない。弟子の河内隆太郎《かわちりゅうたろう》氏が長崎で独立した時、

「河内君が仕事でなにかとお世話になりますが、よろしくお願いしておきます」

と、若輩者の僕に電話で伝えてきたのだ。仏様のような親方である。

最近は「チンドン界の人間国宝」というような扱いで、テレビ番組「徹子の部屋」や各局ワイドショーにも出演、新聞や雑誌の取材も後を絶たない。

「こうなったら百歳までチンドン屋をやりますよ」

と、明るく笑いながらコメントしている。

数年前に親方のお宅にうかがった時は、

「これからのことを考えて書道を勉強しているんだよ。チンドンの仕事がなくなったら、次は習字の先生になろうと思ってね」

と、僕に話してくれた。僕は唖然《あ》としてしまった。いや、もう二百歳くらいまで大丈夫だ。

東京の菊乃家〆丸親方（右から２人目）と（富山・全日本チンドンコンクール。2004年４月）

喜楽家扇太朗《きらくやせんたろう》親方。先代は昭和三十年（一九五五年）の「第一回全日本チンドンコンクール」で優勝、背中に赤ん坊を背負った旅姿で踊る「人形振り」という芸の名人だった。その芸を受け継いでいるのがこの親方。赤ん坊の頭と親の足が人間、親の顔と赤ん坊の体は人形、という「人形振り」のユニークな芸は、一度見たら忘れられない。平成十四年（二〇〇二年）、親方の家《うち》を訪ねた時も無理にお願いした。

「太宰府のちんどん博覧会でも、やっていただけませんか」

「そうだね。まあ、せっかく九州まで行くんだからさ、やった方がいいかな」

そして、「人形振り」は台風とともに九

州初上陸。お客さんの評判も抜群だった。

踊りの上手《うま》さといい、太鼓の軽やかさといい、人柄の良さといい、見ているだけでうれしくなるとは、こういう親方のことをいうのだろう。

小鶴家幸太郎《こづるやこうたろう》親方。チンドン業界のまとめ役として、その功績ははかり知れない。歌舞伎役者のように強烈な衣装とメイク、気合いの入った口上と太鼓、それはもう圧倒されっぱなし。コンクールで、この親方の真横でチンドンを叩く位置に立つことほど恐ろしいものはない。僕のチンドン太鼓を見ながら、

「この紐《ひも》は余計だね。紐をいっぱい括《くく》っているのは素人なんだよ」

「この鉦《かね》じゃダメなの。分かる? そしてバチはこういう角度で持つの!」

木枠の作り方、紐のくくり方、バチの太さ、鉦の鳴らしかたなど、これまでに何度も注意された。太鼓へのこだわりは相当なものだ。

第一回全国ちんどん博覧会では、素人のふりをして素顔でチンドン体験コーナーに参加、しかも当時顔見知りではなかった「かぼちゃ商会」といっしょに演奏した。事情の分からないメンバーは、

「ものすごく太鼓のうまいおじいさんだ」

と、驚嘆《きょうたん》していたという。やはり恐ろしい親方だ。

滝《たき》の家一二三《やひふみ》親方。先代もチンドン叩きの名人だったらしいが、この親方も相当に多芸な人だ。全日本チンドンコンクールにフル出場、つまり五十年の大会すべてで演技を披露していることになる。初出場の時弱冠《じゃっかん》十六歳。本人は、

「私はただ回数が多いだけだからさあ」

なんていうが、どんなイベントでも五十年連続出場の人はいないだろう。勲章《くんしょう》ものだ。

また、この親方は、ベテラン衆の中でも衣装のセンスがずばぬけていい。いつも赤や銀を使った、和服のようで洋服、羽織のようでジャケット、和洋が混在した独特の着こなしは、これぞチンドン屋スタイルだと僕は思っている。

古いテレビドラマの再放送を見ている時には要注意で、チンドン屋がちょっと出ているなと思ったら、この親方であることが多い。

みどりや進《すすむ》親方。チンドンコンクールでは最多優勝を誇る。チンドン・クラリネット・紙芝居・ガマの油売りなどなど、この親方一人の芸だけで、何時間もステージができることだろう。ベテランの中では、ある意味もっとも若々しい感覚の持ち主で、自作曲のCDとホームページまで最近作ってしまった。とても八十歳を目前にした人とは思えない。

いつぞやのチンドン屋イベントで、出演者全員の昼食の準備が遅れてしまったことがあった。午後一時半、ステージ上では「阿波踊り競演」が行なわれている最中だったが、業《ごう》を煮やした親方は客席で、

「メシ食わせろ〜！」

と、チンドン太鼓を叩きながら叫んでいた。場内は一時緊迫ムードだったが、昼食はこの後すぐに出てきた。親方は本当にかっこよすぎる。

こんなすごい親方達のステージが一度に見られた「第四回全国ちんどん博覧会」のお客さんは幸せである。反面、この親方衆の世話にあたった若手チンドン屋は、さすがにくたくたになってしまった。

最後に、他にも素晴らしい親方がまだまだいるということを付け加えておく。実は僕も会ったことのない親方もいるので、また別の機会があればそこでぜひ紹介したい。

博覧会当日の演目はとにかく素晴らしかった。東京の親方衆の芸を目の当《ま》たりにするのは初めてではないが、やはり名人芸というものは、「百聞《ひゃくぶん》は一見《いっけん》にしかず」である。

僕らが出演した「若手スーパーライブ」も含め、全十プログラムはすべて満員御礼。延べ千三百人を動員した。それにしても毎回、

「本当にお客さんに来てもらえるだろうか」

と、気になってばかりだったが、四回とも想像以上の動員ではないか。つまり、チンドン屋である僕達以上にこの博覧会に情熱を注いでくれているのは、間違いなくお客さんのほうなのである。

あとがき

僕は、「チンドン屋を見たことのないチンドン屋」である。

そして僕より下の世代には、そういう人がさらに多いはずだと思っていた。

ところが、今面白い現象が起きている。イベントで子供たちに、

「今までチンドン屋って見たことある?」

と尋ねると、帰ってくる答えは、

「あるよ」

なのだ。しかも、

「あのね。お買い物してるときに見たよ」

という。

もしや、これは僕らのことではないだろうか。若手チンドン屋たちは、無意識のうちに子供たちに認知され始めていたのだ。だったら、チンドン屋の持つイメージを変えていくにはいいチャンスである。「差別的な表現では」などと放送局の人に懸念《けねん》されたり、「ご冗談でしょ」と初対面の人に呆《あき》れられたりした職業が、悪い意味で特殊な扱いを受けないようにしていくのはわれわれの役目でもある。

わがアダチ宣伝社の近所には、唐人町《とうじんまち》商店街という小さなアーケードがあり、道をはさんで小学校もある。そこの教師から最近こんな話を聞いた。

社会の授業中のこと。

「みなさんの住んでいる町には、どんな会社やお店がありますか」

先生の質問に、手を上げた子がこう答えたそうだ。

「はい。唐人町には日本一のチンドン屋さんがあります」

「日本一の」という部分は、きっと三年前のチンドンコンクールでうちが最優秀賞を取ったときに地元で話題になったのを、親から聞かされたのだろう。それにしても、まっ先にチンドン屋が出てくるなんて、感涙《かんるい》もののありがたい話ではないか。

さらに先生はこういう話もした。

文化祭で子供たちがフリーマーケットに挑戦した。いらなくなった文房具やマンガを、専用のチケットを作って交換しあうという可愛いものだそうだ。

ところが、その宣伝のために子供たちが自主的にチンドン屋を結成して、十名ほどでリコーダーや鍵盤ハーモニカを鳴らして校内をパレードして回ったらしい。

「どこで習ったの？」

と先生がたずねると、

「商店街でチンドン屋さんに教えてもらった」

と答えたそうだ。僕は小学生にチンドンを教えた覚えはない。しかし仕事中に何度か、近所の子供たちに、

「こうやってお店の宣伝をしてるんだよ」

と話したことはある。やはり子供は飲み込みが早いのだ。

「チンドン屋を見たことのないチンドン屋」は、これから子供たちの記憶に残っていくかもしれない。そして彼らが大人になった時、

「小さい頃はよくチンドン屋さんについていったものだよ」

と笑顔でいってくれるように、僕はこの仕事を誇りをもって続けていきたい。

最後に、本書の執筆にあたり、石風社の福元満治氏、藤村興晴氏に多大なご協力をいただいたことを感謝いたします。

【関連図書・参考文献】
『チンドン屋始末記』堀江誠二著　PHP出版
『ぼくたちのちんどん屋日記』林幸次郎・赤江真理子著　新宿書房
『ちんどん屋です。』林幸次郎・赤江真理子著　思想の科学社
『ちんどん菊乃家の人々』大山真人著　河出書房新社
『チンドンひとすじ七十年』菊乃家〆丸・栗原達男・神崎宣武著　岩波書店
『チンドン屋の娘』平岩弓枝著　角川書店
『アコーディオンの本』渡辺芳也著　春秋社
『ラフミュージック宣言』大熊ワタル著　インパクト出版会
『ご当地ソング讃』溝尾良隆著　東洋経済新報社
『楽器からのメッセージ』西岡信雄著　音楽之友社

著者
安達ひでや（あだち・ひでや）

1964年熊本県生まれ。山口大学農学部中退。ロックバンド、ラジオパーソナリティーを経て、1994年よりチンドン屋「アダチ宣伝社」を立ち上げ現在に至る。CDに『楽しいチンドン・むかしのうた』（キングレコード）がある。

アダチ宣伝社のホームページ　http://www.try-net.or.jp/~adachi/

笑う門《かど》にはチンドン屋

二〇〇五年二月二十五日初版第一刷発行

著　者　安達ひでや
発行者　福元満治
発行所　石風社
福岡市中央区渡辺通二—三—二四
電話〇九二（七一四）四八三八
ファクス〇九二（七二五）三四四〇
印　刷　九州電算株式会社
製　本　篠原製本株式会社

中村哲＋ペシャワール会編
空爆と「復興」
米軍による空爆下の食糧配給、農業支援、そして全長十四キロの潅漑用水路建設に挑む著者と日本人青年たちが、四年間にわたって記した修羅の舞台裏。二百数通に及ぶeメール報告を含む、鬼気迫るドキュメント
（2刷）一八九〇円

トーナス・カボチャラダムス【画・文】
空想観光　カボチャドキヤ
「今ここの門司の町がカボチャラダムス殿下が魔法をかけている間だけカボチャドキヤ王国なのである」〈種村季弘氏〉猥雑でシニカル、豊穣でユーモラス、高貴にしてエロティックなカボチャの幻境を描いた不思議な画文集！

二一〇〇円

栢野克己
逆転バカ社長　天職発見の人生マニュアル
転職・借金・貧乏・落第……は成功の条件だった！　ラーメン界の風雲児から冷凍たこ焼き発明者、ホワイトデーの創設者まで、今をときめくフクオカの元気社長二十四人の痛快列伝。「負け組」が逆襲する経営戦国時代の必読バイブル！

（2刷）一五七五円

ジミー・カーター
少年時代
飼牛万里・訳
米国深南部の小さな町、人種差別と大恐慌の時代、家族の愛に抱かれたピーナッツ農園の少年が、黒人小作農や大地の深い愛情に育まれつつ、その子供たちとともに逞しく成長する。全米ベストセラーとなった、元米国大統領の傑作自伝
二六二五円

小林澄夫
左官礼讃
日本で唯一の左官専門誌「左官教室」の編集長が綴る、土壁と職人技へのオマージュ。左官という仕事への愛着と誇り、土と水と風が織りなす土壁の美しさへの畏敬と、殺伐たる現代文明への深い洞察に貫かれた左官のバイブル。

（6刷）二九四〇円

藤田洋三
鏝絵放浪記
壁に刻まれた左官職人の技・鏝絵。その豊穣に魅せられた一人の写真家が、故郷大分を振り出しに、壁と泥と藁を追って、日本全国、さらには中国・アフリカまで歩き続けた二十五年の旅の記録。「スリリングな冒険譚の趣すらある」（西日本新聞）
（2刷）二三一〇円

甲斐大策

聖愚者《せいぐしゃ》の物語

血を代償に高潔を保ち、生命を代償に神を知るアフガン人たち。職人・物乞い・族長・戦士・山の民・子供たち……近代が遠く置き去りにした、愚直にも清き者たちの世界を描く。中上健次、五木寛之氏が絶讃した個性が綴った四七篇の掌編小説集

一八九〇円

ふるまいよしこ

香港玉手箱

転がり続ける街、香港から目を離すな！　その街と人のパワーに惹かれ、在住十余年になる著者が、人々の熱気とともに放つ、香港定点観測的エッセイ。【目次】返還の舞台裏／香港ドリーム／地べたの美食ツアー／金・金・金／祖国回帰ほか

一五七五円

浅川マキ

こんな風に過ぎて行くのなら

ディープにしみるアンダーグラウンド——。「夜が明けたら」「かもめ」で鮮烈にデビューを飾りながら、常に「反時代的」でありつづける歌手。三十年の歳月を、時代を、そして気分を照らし出す、著者初めてのエッセイ集

（2刷）二一〇〇円

坂口　良

極楽ガン病棟

やっと漫画家デビューしたと思ったら、三十四歳でまさかの肺ガン宣告。さらに脳に転移しての二回の開頭手術。患者が直面する医療問題（薬の知識・治療費、入院生活）をベースに、命がけのギャグを繰り出す、超ポップな闘病記！

（3刷）一五七五円

隅田川乱一

穴が開いちゃったりして

椎名誠・永江朗・近田春夫氏絶讃　「自分の師です」（町田康）。深く自由に生きるため、世界の表皮を裏返し、全身全霊で世紀末を駆け抜けたカルトの怪人・隅田川乱一。プロレスからドラッグ、神秘主義に至るまで、ディープでポップな知力が炸裂する！

二一〇〇円

姜　信子（文）　アン・ビクトル（写真）

追放の高麗人《コリョサラム》　「天然の美」と百年の記憶

＊〇三年地方出版文化功労賞

一九三七年、スターリンによって遙か中央アジアの地に強制的に移住された二十万人の朝鮮民族＝高麗人。日本近代の代表的大衆歌謡「天然の美」を今日も歌い継ぐ流浪の民の、絶望の奥に輝く希望に魅せられ、綴った百年の物語

二一〇〇円

＊**読者の皆様へ**　小社出版物が店頭にない場合は「**日販扱**」か「**地方・小出版流通センター扱**」とご指定の上最寄りの書店にご注文下さい。なお、お急ぎの場合は直接小社宛ご注文下されば、代金後払いにてご送本致します（送料は二五〇円。総額五〇〇〇円以上は不要）。